Max Rostal
Ludwig van Beethoven:
Die Sonaten für Klavier und Violine

SERIE MUSIK
PIPER · SCHOTT
Band 8308

Zu diesem Buch

Max Rostal, Schüler des legendären Carl Flesch, international renom-
mierter Geiger und Geigenpädagoge, hat Beethovens zehn Sonaten
für Klavier und Violine gründlich analysiert. Entstanden ist das Buch
aus dem Bedürfnis des Autors, seine lebenslange Erfahrung als ausübender Musiker und Lehrer an jüngere Generationen weiterzuge-
ben. Rostal wendet sich an Berufsmusiker, an Studenten, dilettie-
rende Geiger und Musikliebhaber. Jede Sonate wird in einem eigenen
Kapitel behandelt. Dabei stehen technische und interpretatorische
Probleme im Mittelpunkt. Aus der Sicht des Pianisten beschäftigt sich
Günter Ludwig (er ist Professor an der Musikhochschule in Köln) mit
den Pedalzeichen und dem Ensemble-Spiel.
»Man spürt, hier hat eine Künstlerpersönlichkeit viele Jahre ihres
Lebens mit diesen Werken gelebt und gerungen. Um so wertvoller
sind alle seine Ratschläge und detaillierten Hinweise. Ein Buch für
ernsthafte Musiker und die, die es werden wollen. Aber auch der Liebhaber wird es nicht ohne Bereicherung aus der Hand legen.«
                                   Conrad von der Goltz, Das Orchester

Max Rostal, geboren 1905 in Teschen, trat bereits mit sechs Jahren als
Geiger öffentlich auf. Studium bei Arnold Rosé und Carl Flesch, danach Konzertreisen in der ganzen Welt. Assistenz bei Flesch, 1930
Professor an der Musikhochschule in Berlin, 1933 Emigration.
1944–1958 Professor in London, 1957 Professor in Köln und Bern.
Zahlreiche Preise und Ehrungen, viele Schallplattenaufnahmen, um-
fangreiche Tätigkeit als Herausgeber von Werken der Violinliteratur.

Max Rostal

Ludwig van Beethoven:
Die Sonaten für Klavier
und Violine

Gedanken zu ihrer Interpretation

Mit einem Nachtrag
aus pianistischer Sicht
von Günter Ludwig

Mit 18 Abbildungen und zahlreichen
Notenbeispielen

Piper München · Schott Mainz

SERIE MUSIK
PIPER · SCHOTT

ISBN 3-492-18308-5 (Piper)
ISBN 3-7957-8308-9 (Schott)
Durchgesehene Neuausgabe 1991
2. Auflage, 5.–7. Tausend August 1991
(1. Auflage, 1.–3. Tausend dieser Ausgabe)
© R. Piper & Co. Verlag, München 1981
Umschlag: Federico Luci
Satz: Welsermühl, Wels
Druck und Bindung: Clausen & Bosse, Leck
Printed in Germany

Marion in Liebe
und Dankbarkeit gewidmet

Inhalt

Vorwort

Idee und Anstoß zu diesem Buch entspringen dem Bedürfnis, meine lebenslange Erfahrung als ausübender Musiker und Pädagoge der jüngeren (und vielleicht auch späteren) Generation zu übergeben, damit sie als Klärung und Denkanstoß wirke. Dieses Anliegen teile ich sicherlich mit vielen, denen es vergönnt war, eine lange und reiche Erfahrung zu sammeln. Darüber hinaus möchte ich mit dem vorliegenden Werk einen Mangel beheben, denn die zahlreichen Veröffentlichungen über Beethovens Klavier-Violin-Sonaten enthalten entweder einseitige theoretische Analysen, oder sie sind Elogen über Wert und Schönheit der Werke, mit Ausnahme eines reizenden und auch instruktiven Büchleins von Joseph Szigeti, der sich ebenfalls aufgrund seiner langjährigen Erfahrung mit diesen Sonaten auseinandersetzt. Ferner gibt es einen kurzen Abschnitt in der »Kunst des Violinspiels« von Carl Flesch (zweiter Band), der sich insbesondere mit der letzten Sonate befaßt. Meines Wissens hat sich sonst kein ausübender Künstler schriftlich über diese Sonaten geäußert.

Szigetis Büchlein enthält viel Wissenswertes in musikalischer und geigerischer Hinsicht, doch seine Zielsetzung war nicht darauf ausgerichtet, sich mit jedem einzelnen Werk, jedem Satz und jeder Phrase interpretativ und technisch, sowohl im Violin- wie auch Klavierpart, systematisch auseinanderzusetzen, so wie es mir Wunsch und Ziel ist.

Flesch geht in seiner kurzen Abhandlung über die zehnte Sonate op. 96 zwar auf musikalische und auch gewisse technische Probleme ein, aber erstens beschränkt sich seine Arbeit auf eine einzige Sonate, und zweitens beschäftigt er sich kaum mit den Problemen des Klaviers und des Zusammenspiels. So mache ich es mir zur Aufgabe, mich eingehend in interpretativer und technischer Hinsicht mit diesen Sonaten auseinanderzusetzen. Dabei verzichte ich bewußt auf rein theoretische Analysen, wie ich mir auch romanhafte Schwärmerei versage.

Ob mir das in wirklich objektiver Weise gelungen ist, überlasse ich der Beurteilung des Lesers. Persönlich bezweifle ich die Möglichkeit, subjektive Ansichten völlig auszuschalten, jedoch stehe ich voll und ganz zu meinen Darlegungen und hoffe, mit diesem Beitrag eine echte Hilfe für viele Suchende zu schaffen.

Im übrigen habe ich absichtlich eine einfache, leicht verständliche Sprache gewählt und versucht, Fremdwörter (mit Ausnahme von musikalisch allgemein geläufigen italienischen Ausdrücken) weitgehend zu meiden.

Leider haben viele Musikwissenschaftler der Vergangenheit Beethovens Sonaten für Klavier und Violine abschätzig beurteilt, so zum Beispiel Paul Bekker, Alexander Wheelock Thayer usw., was zur Folge hatte, daß sich Musiker, Amateure, Kritiker und das allgemeine Publikum davon beeinflussen ließen, wie das auch mit Beethovens Tripelkonzert der Fall ist. Die stete, beharrliche Wiederholung eines Werturteils (ähnlich wie in der Werbung) verfehlt fast nie ihre Wirkung.

Werke, die piano enden, wie Beethovens vierte Sonate in a-Moll op. 23 oder das A-Dur-Violinkonzert KV 219 von Mozart, ernten nur selten den ihnen gebührenden Publikumserfolg. Das Tripelkonzert und einige der zehn Violinsonaten sind möglicherweise von unterschiedlicher Bedeutung, aber doch ganz große Meisterwerke, die sich, wenn auch langsam, vermehrt allgemeiner Anerkennung erfreuen. Der Zyklus aller Sonaten ist in Konzerten unserer Zeit öfter anzutreffen, aber nach wie vor werden bestimmte Werke vom Publikum und von den Spielern bevorzugt. Zu den Favoriten gehören die fünfte Sonate op. 24 (Frühlings-Sonate), die siebte in c-Moll op. 30 Nr. 2 und die neunte Sonate op. 47 (Kreutzer-Sonate), drei großartige Werke. Aus einem Gesamtwerk von zehn Sonaten nur drei auszuwählen, erscheint mir doch sehr ungerecht. Denken wir nur an die – zugegebenerweise weniger erfolgreichen – Sonaten op. 12 Nr. 2, op. 30 Nr. 1 und Nr. 3 und vor allem an die letzte, op. 96, alle voll bedeutender, tiefgründiger Gedanken. Einen so herrlichen Satz wie das Adagio der Sonate op. 12 Nr. 3 einfach als minderwertig abzutun, zeugt von Ahnungslosigkeit und stupidem Nachplappern der Beurteilung angeblicher Kenner.

Wesentlich konstruktiver und gerechtfertigt ist die Aussage von Sir George Grove, der ich voll und ganz beistimme: »Einer der

hervorstechendsten Charakterzüge von Beethovens Musik ist die
ausgeprägte Individualität jedes einzelnen Werkes oder Satzes.
Jeder der Kopfsätze in den neun Symphonien unterscheidet sich
grundlegend von den übrigen acht, und dasselbe gilt von den An-
dantes, Scherzi und Finales. Jedem Satz liegt eine scharf umrissene
Idee zugrunde, jeder hinterläßt im Geist des Hörers unverwech-
selbare Bilder und Eindrücke ... Die Themen und Passagen haben keinerlei ›Familienähnlichkeit‹ und vermitteln in keiner Weise
den Eindruck, als seien sie einem ›fertigen Bestand‹ entnommen;
sie sind immer auf das einzelne, individuelle Werk bezogen. So
kommt es, daß sich Beethoven nur sehr selten wiederholt.« (In:
Joseph Szigeti: Beethovens Violinwerke, S. 61)
Auch Flesch und Szigeti setzen sich mit ungerechtfertigten Wer-
tungen auseinander.
So sagt Flesch:»Die Sonaten für Klavier und Violine von Beethoven nahmen in der allgemeinen Wertschätzung seines Schaffens
einen untergeordneten Platz ein. Es bleibe dahingestellt, inwie-
weit minderwertige Aufführungen zur Verbreitung dieser Ansicht
beigetragen haben ... Der musikalische, jedoch in technischer
Hinsicht minder beschlagene Geiger wendet sich mit Vorliebe
dem Quartett-, Trio- und Sonatenspiel zu, in der Annahme, daß
dazu auch geringere technische Mittel genügten. Unglücklicher-
weise enthalten jedoch gerade diese drei Kompositionsgattungen
die wertvollsten Werke, an denen die Geige mitzuwirken berufen
ist. Daher die seltsame Erscheinung, daß gerade das Schönste in
unserem Berufe, wodurch dieser erst eigentlich sein musikalisches
Daseinsrecht erhält, mit seltenen Ausnahmen nicht der Domäne
unserer Besten angehört. Am schlimmsten steht es in dieser Hinsicht mit der Pflege des Sonatenspiels; denn die Gewohnheit vieler
Geiger, ihre Konzerte mit einer von ihrem ständigen Begleiter
möglichst diskret ›begleiteten‹ Sonate von Beethoven (oder César
Franck) zwecks ›Einspielens‹ zu beginnen, kann wohl kaum als
Pflege der Sonatenliteratur bezeichnet werden.« (Die Kunst des
Violinspiels, Bd. 2, S. 171 und S. 68)
Aber auch Szigeti sagt:»Versucht man unvoreingenommen den
Rang zu bestimmen, den Beethovens zehn Violinsonaten im Be-
wußtsein der Musiker und Musikfreunde einnehmen, so kommt

man zu recht überraschenden Ergebnissen. (Unter dem ›Rang‹
einer Werkreihe – wie Beethovens Quartette, Mozarts Klavier-
konzerte, Skrjabins Sonaten oder Händels Concerti grossi – verstehen wir in diesem Zusammenhang sowohl den Grad ihrer Beliebtheit beim Publikum als auch das Maß an Überzeugung und
Hingabe, das die Interpreten ihr gegenüber an den Tag legen; mit
einem objektiven Werturteil hat das natürlich nichts zu tun.)
Als die drei Sonaten op. 12 im Jahre 1799 erschienen, rügte der
Kritiker der Leipziger Allgemeinen Musikalischen Zeitung ›eine
Straubigkeit, ein Suchen nach seltenen Modulationen, ein Ekeltun
gegen gewöhnliche Verbindungen‹. Inzwischen sind wir zwar von
derart engstirnigen Fehlurteilen ein gutes Stück weit abgekom-
men, aber noch 1924, also vor gar nicht langer Zeit, finden sich
Spuren solch spitzfindiger Nörgelei bei einem deutschen Musikwissenschaftler in einer grundgelehrten theoretischen Analyse der
Sonaten.« (Beethovens Violinwerke, S. 7)
Flesch und Szigeti besaßen als ausübende Musiker wie auch als
Pädagogen bedeutend größere Einsicht als so mancher Theoreti-
ker. Es stimmt durchaus nicht in allen Fällen, daß das Erfolgreich-
ste auch das Beste sein muß. Beispielsweise gibt es Schlagersänger,
die viel erfolgreicher sind und auch viel mehr Geld verdienen als so
mancher wirklich große Sänger. Soll das nun ein Maßstab sein? Es
ist wesentlich, sich von hergebrachten Klischees zu befreien und
unbeeinflußt den ernsthaften Versuch zu unternehmen, diese
Werke objektiv zu betrachten; Bereicherung und tiefe Einsicht
sind der Erfolg solchen Bemühens.
Ich muß gestehen, nicht immer – besonders in frühen Jahren – die
gleiche Schätzung und Einstellung gegenüber diesen Sonaten gehabt zu haben. In meiner sogenannten »Wunderkind-Periode«
hatte ich weder Interesse an Sonaten, noch wurde ich dazu ange-
halten, sie zu spielen, aber auch später – so etwa in den Jahren
1920–1924, als ich 15–19 Jahre alt war, habe ich mich mit
Beethovens Sonaten nicht sehr ernsthaft beschäftigt. Ich war ein
guter Prima-Vista-Spieler und hatte die jugendliche Unbeschwert-
heit, ja ahnungslose Leichtsinnigkeit, Beethovens Sonaten in
Konzerten vorzutragen, ohne sie recht zu kennen. Dieses Ge-
ständnis mache ich nicht ohne Beschämung, und ich bin sehr

glücklich über die allgemeine (auch meine) Entwicklung, denn heute gehört das intensive Studium von Sonaten zum allgemeinen Repertoire und wird ebenso ernsthaft betrieben wie das Erlernen der großen Violinkonzerte und der Virtuosenliteratur. Ich erinnere mich nicht, in meiner Studienzeit bei Arnold Rosé oder Carl Flesch jemals eine Sonate erarbeitet zu haben. Nun hat sich das gründlich geändert, und es ist zu hoffen, daß die allgemeine Wertschätzung bei Spielern und Publikum mit der erfreulichen Entwicklung auch Schritt hält.

Der Leser wird in meinen Ausführungen vielleicht vieles finden, das ihm längst bekannt ist; in diesem Fall seien sie ihm Bestätigung. Für manchen angehenden Künstler können sie Anleitung sein, und selbst nur als Anregung hat diese meine Arbeit sich für mich gelohnt.

Möge das Studium des vorliegenden Werks Bereicherung, Freude und nützliche Arbeit sein!

Allgemeine Grundlagen

Aufgaben eines Herausgebers von musikalischen Werken

In diesem Bereich wurden im 20. Jahrhundert sehr große Fort-schritte gemacht. Fast alle Ausgaben vor dem Zweiten Weltkrieg sind von Grundsätzen geprägt, die heute für uns unannehmbar sind. Von Interpreten, Lehrern, Schülern und dem allgemeinen Publikum wurde erwartet, daß ein erfolgreicher Künstler mög-lichst alles, was er selber tat und was eben zu diesem großen Publi-kumserfolg geführt hatte, in seinen Ausgaben verzeichnete. Daher kommt es, daß diese Ausgaben rein subjektive Zusätze enthalten mit einer Überfülle dynamischer und agogischer Bezeichnungen, die oft nichts mehr mit der Niederschrift des Komponisten zu tun haben. Am schlimmsten ist, daß – mit wenigen Ausnahmen – jene Zusätze des Herausgebers nicht als solche gekennzeichnet sind. Man kann also kaum unterscheiden, was vom Komponisten und was vom Herausgeber stammt.

Bei älteren Ausgaben von Violinsonaten finden wir häufig erheb-liche Unterschiede zwischen Klavier- und Geigenstimme, was darauf zurückzuführen ist, daß Geiger und Pianist zur Zeit der Herausgabe nicht »on speaking-terms« waren. Dies mag manch-mal auch in unserer Zeit vorkommen, denn die isolierte Aufga-benstellung des Musikwissenschaftlers auf der einen Seite und die des Pianisten und Geigers auf der anderen führt gelegentlich zu absurden Resultaten. Es kommt sogar vor, daß sich die Vertreter dieser drei Berufsgattungen noch nie begegnet sind, trotz gemein-samer Beteiligung an der Herausgabe desselben Werkes.

Durch das Verantwortungsbewußtsein der Musiker, Musikologen und Kritiker wandelte sich nach und nach die Einstellung, und man plädierte für eine größere Gerechtigkeit dem Werk gegen-über und für genauere Befolgung der Markierungen des Kompo-nisten, was sich nur langsam und über viele Jahre hin entwickelte. Ohne Zweifel wollen Musiker heute (wahrscheinlich mehr als je zuvor) dem Willen des Komponisten gerecht werden.

Aus dieser Entwicklung entsprang das Bedürfnis nach Urtextausgaben, wovon es in unserer Zeit eine Unmenge gibt. Um Mißverständnissen vorzubeugen, möchte ich erklären, was ich unter »Unmenge« verstehe: Viele Urtextausgaben derselben Werke unterscheiden sich oft erheblich voneinander oder widersprechen sich, weil Herausgeber sich heutzutage auf Manuskript und Erstausgabe (soweit verfügbar) stützen, die aber des öfteren ebenfalls voneinander abweichen. In vielen Fällen überwachte der Komponist den Erstdruck, und bei dieser Gelegenheit nahm er einige Änderungen gegenüber dem ursprünglichen Manuskript vor. Es ist also für den Herausgeber ein Dilemma, in jedem einzelnen Werk und jedem Detail zu entscheiden, ob er sich nach dem Manuskript oder nach der Erstausgabe richten soll. Aus dieser Situation entsteht sogleich eine Art Interpretation des Herausgebers, was zu den Widersprüchen in vielen Urtextausgaben führt.

Eigenartig ist die Tatsache, daß das Pendel nun zum anderen Extrem schwingt: Wir sind hauptsächlich damit beschäftigt, dem Buchstaben bis zum letzten Druckfehler sklavisch zu folgen, ohne den Geist in jedem Falle zu erfassen. Eine kritische Auseinandersetzung mit dem Urtext (sei es Manuskript oder Erstausgabe) ist meines Erachtens erforderlich, denn Irrtümer, Schreib- sowie Druckfehler sind unvermeidlich. Bei vielen Urtextausgaben sind die Verleger der Ansicht, ohne Fingersatz-Angaben seien die Ausgaben schwer verkäuflich. Ich finde allerdings, mit solchen Zusätzen läßt sich nicht mehr von Urtextausgaben sprechen.

Das Fazit meiner Betrachtungen: Ausgaben sollten auf Urtextinformation gründen, mit Korrekturen, die offensichtliche Irrtümer, Schreib- und Druckfehler beseitigen. Sie dürfen auch ruhig individuelle Interpretationsvorschläge enthalten, aber jede Ergänzung des Herausgebers sollte klar und deutlich (durch kleineren Druck oder Klammern) gekennzeichnet sein. Der Benutzer solcher Ausgaben kann dann für sich entscheiden, ob er die Vorschläge des Herausgebers annimmt oder ablehnt.

Dynamik

Dynamik in der Musik bedeutet Differenzierung des Tonvolumens, sei es stufenweise (Terrassendynamik) durch klare Abgrenzung von ffff – fff – ff – f – mf – mp – p – pp – ppp – pppp oder als allmähliche Veränderung durch cresc. und dim. Darüber hinaus gibt es weitere Schattierungen wie sfz, rinsfz, fp oder p subito.

Die bei Brahms vorkommende Abkürzung pf hat zu vielen Irrtümern geführt; ein Pianoforte im Gegensatz zum Fortepiano gibt es nicht, und die Abkürzung bedeutet schlicht und einfach »poco forte«. Abgesehen von der vom Komponisten notierten Dynamik begegnen wir beim Instrumentalisten einer verständlichen, oft unbewußten Differenzierung, die eine große Gefahr in sich birgt, wenn sie unkontrolliert, aus einer plötzlichen Emotion heraus angewendet, allzu oft im Gegensatz zur Absicht des Komponisten steht. Ich behandle dieses Kapitel absichtlich vorrangig, weil die Dynamik – speziell bei Beethoven – von äußerster Bedeutung ist und bis zum heutigen Tag auf höchst bedauerliche Weise vernachlässigt wird.

Beethoven hat sich in vielen seiner Werke, wie eben den Klavier-Violin-Sonaten, Streichquartetten usw., unendlich vielen Mühen unterzogen, um äußerst detaillierte (gelegentlich groteske, sogar bizarre) dynamische Bezeichnungen anzubringen. Schon darin liegt ein Beweis, wie wichtig sie für ihn waren. Das macht auch ein Brief deutlich, den er am 10. April 1806 an Sebastian Meyer schrieb: »Laß alle pp, cresc., alle decresc. und alle f, ff aus meiner Oper ausstreichen, sie werden doch alle nicht gemacht. Mir vergeht alle Lust, weiter etwas zu schreiben, wenn ich's so hören soll.«

Es würde keinem Musiker einfallen, Noten, Notenfolgen oder den Rhythmus eines bedeutenden Komponisten bewußt zu verändern, aber hinsichtlich der Dynamik hegen viele Interpreten keine Skrupel, und da gerade Beethovens Dynamik einen ganz wichtigen Bestandteil seiner Kompositionen darstellt, kommt ihre Nichtbeachtung oder Veränderung einem Sakrileg gleich.

Auf Schallplattenaufnahmen (abgesehen von Konzertaufführungen) kann man manchmal Interpretationen bedeutender Instrumentalisten der Vergangenheit und Gegenwart hören, die in der Dynamik mit dem Willen des Komponisten in keiner Weise übereinstimmen. Eines unter vielen Beispielen ist die äußerst willkürliche Dynamik der Aufnahme von Fritz Kreisler und Sergej Rachmaninow. Dort werden ohne weiteres Crescendi durch Diminuendi ersetzt und Piano subito ängstlich vermieden, um einer eventuellen Schockwirkung aus dem Weg zu gehen. Gerade das p subito ist eine charakteristische Eigenschaft der Kompositionen Beethovens, die meist in eine liebenswürdige, salonfähige Spielweise umgewandelt wird. Ich gebe zu, die Verwirklichung auf einem Streich- oder Tasteninstrument ist eine enorm schwierige Aufgabe.

Der Begriff Technik ist in Laienkreisen synonym mit Schnelligkeit, aber für den Wissenden ist eine äußerste Beherrschung und Realisierung der Dynamik Beethovens eine der größten Herausforderungen, die – abgesehen von musikalischen Aspekten – große technische Fähigkeiten voraussetzt. Diese schwierige und sehr wesentliche Verwirklichung bleibt für die Mehrzahl der Zuhörer kaum wahrnehmbar, und so sagen sich pragmatisch veranlagte Künstler, es lohne die Mühe nicht. Man kann in der Verzweiflung über diese Auffassung nur noch dem vorher erwähnten Ausspruch Beethovens beipflichten!

In diesen Sonaten gibt es auch vom Komponisten stammende Ungenauigkeiten der Dynamik, die hie und da der Ergänzung bedürfen. Oft sind Parallelstellen in der Exposition und Reprise nachlässig oder gar nicht bezeichnet, manchmal aber auch ganz anders gemeint. Ein sfz kann verschiedene Bedeutung haben, sei es durch plötzliche, schreckhafte, dramatische Veranschaulichung mit einer scharfen Attacke, sei es durch eine sanfte, gesangliche Betonung. Auch benutzt Beethoven die Bezeichnung sfz oft, wo ein fp oder sogar nur ein f stehen sollte. Ein sfz kann manchmal ein vorher angezeigtes cresc. oder dim. arretieren oder die Gesamtdynamik einer bestimmten Phrase unberührt lassen. Das Zeichen fp bedeutet etwas anderes als sfz, von Beethoven selbst nur gelegentlich differenziert angewendet. Als Folge schnellen Komponierens und hastiger Niederschrift können derartige Verwechslungen leicht vorkommen.

Es gibt bei Beethoven manchmal eine rein theoretisch bezeichnete Dynamik, so zum Beispiel, wenn er für das Klavier ein cresc. auf einem lang ausgehaltenen Akkord schreibt, was selbstverständlich nicht ausführbar ist, sondern nur als Hinweis zur musikalischen Vorstellung dient (siehe Kreutzer-Sonate op. 47, **Takte 115** und **436** im ersten Satz).

Man muß sich ernsthaft bemühen, überall Klarheit zu schaffen; in vielen Fällen kommt man trotz Bemühung um Objektivität nicht um eine persönliche Entscheidung herum.

Mein Anliegen ist: Laßt dem Text und der Dynamik gegenüber mehr Gerechtigkeit walten! – Ich weiß, daß ich vielen Kollegen als Pedant gelte, womit wohl schlechthin meine gewissenhafte und eingehende Auseinandersetzung mit einem Werk und dessen möglichst texttreue und musikalisch wahre Wiedergabe gemeint sind, und ich gestehe, daß ich diese Kritik derjenigen von ungenau, launisch, unbeherrscht und schlampig vorziehe, Eigenschaften, die wohl kaum zur Verwirklichung dieses Buches beigetragen hätten!

Agogik

»Die Lehre von der elastischen Gestaltung des Tempos beim sinnvollen Vortrag eines Musikstückes mittels oft kaum meßbarer Abweichungen vom mechanisch festen Zeitmaß.« (Hugo Riemann: Musikalische Dynamik und Agogik, Hamburg 1884)

Es gab eine Zeit, in der ein strenger, ja metronomisch genauer Rhythmus eine wesentliche Voraussetzung für den stilgerechten Vortrag eines klassischen Werkes war. Dieser Mißdeutung kann man gelegentlich auch noch in unseren Tagen begegnen.

Jeder große Komponist ist seinem Herzen nach ein echter Romantiker, und unsere Abgrenzung in Klassik oder Romantik kann sich höchstens auf gewisse geschichtliche Perioden beziehen. Im Fall Beethovens gibt es reichlich Beweise für ein recht wildes Rubato-Spiel des Klassikers Beethoven. Bernhard Bartels berichtet in seinem Beethoven-Buch: »Es ist hochinteressant, was wir von ihm [Beethoven] über Takt, Tempo, Rhythmus hören. Und diese wahren ›Freiheiten‹ des Künstlers ergeben sich für den großen Men-

schen. Wer den Takt äußerlich erzwingen muß, soll die Musik fort-
lassen. Aller Rhythmus, jedes Tempo, alle Musik ist innerlich
bedingt. Auf dem Original des Liedes ›Nord oder Süd‹, das die
Verlagshandlung Artaria besitzt, steht von des Meisters Hand:
›100 nach Mälzel, doch kann dies nur von den ersten Takten gelten, denn die Empfindung hat auch ihren Takt, dieses ist aber doch
nicht ganz in diesem Grade (100 nämlich) auszudrücken.‹«
(S. 345)

Beethoven äußerte sich nach anfänglicher Begeisterung abfällig
über den Gebrauch des Metronoms: »Gar kein Metronom! Wer
richtiges Gefühl hat, der braucht ihn nicht, und wer das nicht hat,
dem nützt er doch nichts, der läuft doch mit dem Orchester davon.« Diese Äußerung des Meisters hat ihn nicht davon abgehal-
ten, in so manchem seiner Werke Metronomangaben zu machen,
die heute in ihrer Richtigkeit bezweifelt werden.

Einer der größten Komponisten unserer Zeit, Béla Bartók, be-
nutzte das Metronom mit der Absicht, dem Interpreten präzise
Tempi anzugeben. In seinen Werken finden sich in kurzen Ab-
schnitten oft wechselnde Metronombezeichnungen statt des starren Durchhaltens ein und desselben Tempos. In seinem an mich
persönlich gerichteten Brief vom 6. November 1931 schreibt er
unter anderem: »Im ersten Satz ist die Metronom-Bezeichnung
tatsächlich ganz unmöglich und unbegreiflich, im 3. Satz finde ich
ebenfalls viele falsche Metronom-Zahlen. – Hierzu möchte ich
bemerken, daß in meinen früheren Werken die Metronom-Be-
zeichnungen sehr oft ungenau sind, bzw. nicht dem richtigen
Tempo entsprechen. Ich kann mir diesen Umstand nur damit
erklären, daß ich seinerzeit die Metronomisierung allzu flüchtig
vornahm und daß vielleicht mein Metronom schlecht funktio-
nierte.«

In späteren Werken setzt Bartók oft ca. vor seine Metronomanga-
be, eine zusätzliche Bezeichnung, die ich mit meinen hier vorliegenden Metronomvorschlägen für die Beethoven-Sonaten ebenfalls anwende und die allein anzeigen soll, wie unbeabsichtigt ein
starres Durchhalten der Tempi ist. Bartók schrieb als Einführung
zur Ausgabe seines zweiten Violinkonzertes folgendes (aus dem
Englischen frei übersetzt): »Zeitmessungen, notiert bei Auffüh-

rungen, sind für Satzteile angegeben und am Satzende für den ganzen Satz. Damit ist nicht gemeint, die Dauer bei jeder Aufführung müsse genau dieselbe sein; beide Angaben und die metronomischen Bezeichnungen sind nur als Anhaltspunkte für die Ausführenden gedacht. Es scheint mir besser, sie als exakte Zeitmessungen zu unterbreiten, als zu versuchen, sie in runde Ziffern zu übertragen.« (Béla Bartók: Violinkonzert, Boosey & Hawkes)

Eine genaue Befolgung von Metronomangaben ist bei vielen Werken ohnehin nicht möglich und auch nicht erstrebenswert, jedoch ist das Verhältnis abweichender Angaben zueinander von Bedeutung und Interesse.

Ein Zeitgenosse Beethovens, Anton Felix Schindler (1798 bis 1864), der gewissermaßen als Beethovens treuer Adlatus galt, schrieb: »Was ich von Beethoven immer vortragen hörte, war mit wenigen Ausnahmen stets frei alles Zwanges im Zeitmaße, ein Tempo Rubato im eigenlichsten Sinne des Worts, wie es Inhalt und Situation bedingte, ohne aber nur den leisesten Anklang an eine Karikatur zu haben.«

Man beachte deshalb den klaren Unterschied zwischen einem Rubato und dem, was als »unrhythmisch« bezeichnet werden kann. Jedes echte und gute Rubato spielt sich so organisch ab, daß selbst bei beträchtlichen Tempoverschiebungen die ursprünglichen Notenwerte erkennbar bleiben. Eine ganz plötzliche Tempoänderung oder ein Anhalten auf einem einzigen Ton führt zu Verzerrungen und ist nur als unrhythmisches Spiel zu betrachten. Das Wesen des Rubatos ist eine organische Entwicklung von accel. oder rit. auf kurzen oder längeren Phrasen.

Zur Agogik gehören viele Begriffe wie Rhythmus – Rubato – Tempi – Rallentando oder Ritardando, auch oft als Allargando oder Calando bezeichnet, ferner Accelerando – Stringendo und Fermata.

Abschließend möchte ich noch eine Aussage des allzu früh verstorbenen bedeutenden Pädagogen Paul Rolland zitieren, der in der Zeitschrift der »ASTA« (American String Teachers Association) Nr. 3, 1958, folgende richtige Betrachtungen anstellte: »Der Unterschied zwischen der heute herrschenden, im allgemeinen ›glatten‹, gewissermaßen ›schnittigen‹ Auffassung und dem, was

wir zum Beispiel von Czerny über Beethovens eigene auffüh-
rungspraktische Forderungen wissen, dazu gehörten unter anderem gewisse ›ungeschriebene‹ Ritardandi und Accelerandi und
noch andere sprechende Ausdrucksnuancen.«
Ein Rubato in Grenzen braucht also keineswegs als unrichtig oder
stilwidrig zu gelten.

Ornamentik

Dieses an sich großen und vielen Zweifeln unterliegende Gebiet
können wir im Zusammenhang mit Beethovens Klavier-Violin-
Sonaten verhältnismäßig kurz fassen, da es hier weniger Probleme
gibt als beispielsweise in der Barockmusik. Im vorliegenden Fall
geht es nur um Vor- und Nachschläge sowie Triller.
Die genauen Notenwerte von Vor- und Nachschlägen sind bei
Beethoven recht ungenau angegeben, ganz im Gegenteil zu Mozart, wo orthographisch dargestellte Unterschiede zwischen Vierteln, Achteln, Sechzehnteln, Zweiunddreißigsteln und Vierund-
sechzigsteln die genauen Notenlängen vorschreiben.
Sollen wir in jedem Fall nach einem Triller zusätzlich Nachschläge
machen? Sind die Vorschläge, die Beethoven selber schrieb, kurz
oder lang? Obschon der Geschmack des einzelnen Instrumentalisten hier eine sehr große Rolle spielt, könnte man sagen, daß sich
Beethoven in der sogenannten ersten Periode seines Schaffens an
die Mannheimer Schule angelehnt hat. Folglich scheinen Nachschläge angebracht, obschon nicht extra oder separat notiert.
Etwas verworrener wird die Situation in Beethovens mittlerer
Schaffensperiode, wo er sehr oft – aber eben nicht immer – einen
Nachschlag notiert. In seinen späten Werken, zum Beispiel in der
letzten Sonate op. 96, dürfen meines Erachtens keine Nachschläge
gemacht werden, wenn nicht ausdrücklich vorgeschrieben.
In der Besprechung jeder Sonate mache ich genaue Angaben über
die jeweils vorkommende Ornamentik.

Orthographie

»Musikalische [Orthographie] ist die Summe der Konventionen bei der Notierung von Musik.« (Hugo Riemann) Also die Lehre von der Rechtschreibung.

In vielen Manuskripten Beethovens stehen Noten oder dynamische Bezeichnungen nicht genau dort, wo sie eigentlich hingehören. Auch Erstdrucke vermitteln uns keine Klarheit, besonders, weil Violin- und Klavierstimmen getrennt, also nicht als Partitur – wie in den Autographen – gedruckt wurden. Es entstanden dadurch Unsicherheiten über die Absichten des Autors, was Anlaß zu sehr unterschiedlichen Auslegungen gab. Hier nur eine kleine Auswahl von unklaren Notationen: In der dritten Sonate Es-Dur op. 12 Nr. 3 **Takt 23** ist in allen Ausgaben der Vorschlag der Geige vor dem Schlag des ersten Viertels gedruckt. Auch das p steht erst auf der Note F, also dem punktierten Viertel. Setzt nun die Violine das vorherige ff melodisch bis inklusive des Vorschlages A fort, und kommt das Klavier mit dem ersten Schlag auf das F der Geige nach dem Vorschlag, oder ist der Vorschlag mit dem Schlag auszuführen? Die Bezeichnung p im Klavier ist ebenfalls nachtaktig angegeben (siehe meine Vorschläge Seite 54).

In derselben Sonate stellt sich im zweiten Satz **Takt 19** ein ähnliches Problem, nur daß es hier um die Klavierstimme geht. Das gleiche finden wir auch in der zehnten Sonate op. 96 im zweiten Satz **Takt 58.**

Ein weiteres Beispiel: In der Kreutzer-Sonate op. 47 bestehen unbegründete Zweifel über die Plazierung des »Adagio« beim Auftakt der Geige im ersten Satz **Takt 574.** In fast allen älteren Ausgaben ist dieses Adagio tatsächlich auf dem Auftakt der Geige gedruckt, hingegen für das Klavier erst im nächsten **Takt 575.** In der neuen Henle-Ausgabe steht das Adagio in beiden Instrumenten erst in **Takt 575.** Ich kann für beide Lösungen nicht eintreten; im ersten Fall ist es ausgeschlossen, die Geige allein im Adagio beginnen zu lassen unter Beibehaltung des Presto-Tempos im Klavier. Wie sich das rhythmisch gestalten läßt, wissen (möglicherweise) die Götter! Im zweiten Fall wäre zwar das rhythmische Problem gelöst, jedoch ist der brüske Tempowechsel vom Presto zum Adagio musikalisch zweifelhaft. Darüber hinaus stände der Auftakt der Geige im Presto, während das Klavier dieselbe thematische Passage nur vier Takte später **(Takt 578)** im Adagio ausführen würde. Für mich steht es außer Frage, daß in den **Takten 572–574** eine Ritardando-Bezeichnung fehlt. Diese allmähliche Beruhigung führt weit logischer in das Adagio und ermöglicht, den Auftakt der Geige analog zur späteren Darstellung des Klaviers zu gestalten.

In derselben Sonate gibt es hinsichtlich der rhythmischen Aufteilung im zweiten Satz **Takt 196** zwischen Geige und Klavier größte Zweifel (siehe Kreutzer-Sonate, Seite 140 f.).

Ganz schwierig ist die Entscheidung über die anzuwendende Dynamik im zweiten Satz von op. 96, **Takt 61.** Mit Ausnahme der Henle-Ausgabe steht bei allen früheren Publikationen das p auf dem letzten Achtel für beide Instrumente. Bei Henle hat die Geige das p bereits auf dem letzten Achtel, das Klavier aber erst auf dem letzten Sechzehntel. Diese Lösung bringt akustisch unüberwindbare Schwierigkeiten. Es gibt für mich nur zwei Möglichkeiten: Entweder spielen beide Instrumente p auf dem letzten Achtel oder erst mit dem Anfang des nächsten Taktes, wie es ohnehin in der Klavierstimme der Erstausgabe angegeben ist.

Ich gebe hier nur einen beschränkten Ausschnitt aus dem Fragenkomplex der Ungenauigkeiten; in der Beschreibung der Sonaten verweise ich im einzelnen auf derartige Zweifel.

Wiederholungen

Es entspricht den kompositorischen Regeln vieler Perioden, für einzelne Teile automatisch Wiederholungszeichen anzubringen, zum Beispiel bei der Exposition eines Sonatensatzes oder bei einzelnen Variationen; selbst bei zweiteiligen Sätzen in der Barockmusik wird auch der zweite Teil mit einem Wiederholungszeichen versehen; darüber hinaus natürlich die meisten Scherzi und Tanzformen.

In der heutigen Aufführungspraxis werden oft bei Sätzen der Sonatenform nicht mehr alle Wiederholungen ausgeführt, und das bestärkt in der Ansicht, diese seien nicht obligatorisch. Es gibt Künstler und auch Hörer, die bei bekannten Werken Wiederholungen als unnötig, ja sogar langweilig empfinden. Die Hauptfunktion einer Wiederholung – abgesehen von formalen Gründen – ist schließlich, den Hörer mit dem Material, hauptsächlich der Exposition, vertraut zu machen, bevor es in der Durchführung, der Reprise und der Coda zu Abwandlungen und Verarbeitungen kommt. Ich selbst habe in gewissen Fällen eine Abneigung, zweite Teile zu wiederholen, einfach deshalb, weil es mir manchmal widerstrebt, zur Dominante zurückzukehren, während die Tonika und damit der Schlußpunkt bereits erreicht sind. In jedem Fall mache ich die Entscheidung von bestimmten Faktoren abhängig. Hat ein Komponist beispielsweise auch am Schluß eines Satzes eine Prima und eine Seconda Volta auskomponiert, würde ich eine solche Wiederholung unbedingt respektieren. Andererseits gibt es Fälle, auch in den Beethoven-Sonaten (Scherzo der Frühlings-Sonate op. 24 und Scherzo der c-Moll-Sonate op. 30 Nr. 2), wo im ersten Teil ausdrücklich vermerkt ist: »La prima parte senza repetizione«, also nicht der Konvention entsprechend zu wiederholen.

Auch zur Zeit Beethovens soll es bei Aufführungen vorgekommen sein, daß vorgeschriebene Wiederholungen nicht durchweg eingehalten wurden. Wie sonst als zur Sicherstellung der Ausführung läßt sich erklären, daß Beethoven im zweiten Satz der G-Dur-Sonate op. 30 Nr. 3 (Tempo di Minuetto) alle Wiederholungen – auch wo keine Varianten angebracht sind – ausgeschrieben hat?

Abschließend sei daher erwähnt, daß es meines Erachtens nicht unbedingt notwendig ist, in jedem Fall die Weisung des Komponisten für Wiederholungen zu befolgen. Man muß aber bei jeder einzelnen Wiederholung die musikalischen Vor- und Nachteile abwägen. Dabei spielen die Form, aber auch der persönliche Geschmack eine ganz wesentliche Rolle. Solche Entscheidungen müssen jedenfalls sorgfältig überdacht sein.

Fingersätze und Bogenstriche

Fingersätze wie Bogenstriche sind meist eine höchst persönliche Angelegenheit. Aus diesem Grund sind sogar recht gute Ausgaben in einigen Verruf gekommen; der Herausgeber veröffentlicht allzuoft, was – strenggenommen – nur für ihn selber zutrifft oder nur für eine kleine Minderheit von Streichern Geltung hat. Solche Eigenarten und Idiosynkrasien, wie etwa die Bevorzugung eines Fingers, was aus Schwächen oder anderen Gründen geschehen kann, schlichen sich unwillkürlich in diese Ausgaben. Analog verhält es sich für spezielle Tendenzen hinsichtlich der Bogenstriche, wie etwa die Bevorzugung der oberen Hälfte des Bogens. Was für manche eine Erleichterung bedeutet, kann für andere eine unnötige Erschwernis darstellen. Damit will ich nicht behaupten, daß der Herausgeber in *allen* Fällen Fingersätze und Bogenstriche in seine Ausgaben hineinbringt, die er persönlich leichter findet, vielleicht weil er selbst mit gewissen Schwierigkeiten zu kämpfen hat; er mag erfahrungsgemäß herausgefunden haben, daß ihm seine vorgeschlagene Lösung am wirksamsten erscheint.

Ferner scheint im Spiel von Streichinstrumenten nichts schneller zu veralten als Fingersätze und sogar Bogenstriche. Wir dürfen nicht vergessen, daß Fingersätze für Streicher in ungleich höherem Maße mit dem Ausdruck, der Phrasierung, der Tonfärbung und Interpretation im allgemeinen enger verknüpft sind als zum Beispiel für das Klavier, wo es sich in den meisten Fällen nur um den technischen Vorteil handelt. Eine Veränderung des musikalischen Geschmacks findet durchschnittlich alle fünfundzwanzig bis dreißig Jahre statt; das wirkt sich natürlich auch auf Fingersätze und Bogenstriche aus, die dadurch teilweise oder gänzlich unbrauchbar werden. Nehmen wir beispielsweise einige der älteren Ausgaben von Ferdinand David oder sogar Joseph Joachim. Wir können es nicht ganz begreifen, wie so bedeutende und berühmte Künstler auch nur gelegentlich zu solch primitiven und (für unsere Generation) häßlichen Fingersätzen kommen konnten. Die Tatsache, daß die zweite, vierte, sechste und achte Lage möglichst vermieden wurden, hat zu so vielen und (für uns) unerträglichen Glissandi Anlaß gegeben, die aus technischen Gründen zwangsläufig angewendet wurden. Heutzutage ist der fortwährende Gebrauch von natürlichen Flageoletts und sogar leeren Saiten auf *langen* Noten ganz unmöglich. Wir finden jedoch eine Erklärung darin, daß das Vibrato in früheren Zeiten nicht nur recht spärlich Anwendung fand, sondern oft als eine Manifestation von schlechtem Geschmack betrachtet wurde.

Die Kompromißbereitschaft vieler Herausgeber und Geiger zu »erleichternden« Fingersätzen, um damit einen höheren Grad der geigerischen Zuverlässigkeit zu erreichen, ist meines Erachtens unkünstlerischer Natur. Zugegebenermaßen ist der ästhetisch und musikalisch »richtige« Fingersatz in manchen Fällen auch der schwierigere, aber im Dienste einer künstlerisch und musikalisch klaren Darstellung lohnt es sich, diesen Aufwand auf sich zu nehmen.

Hinsichtlich der Bogenstriche vertrete ich den Standpunkt, daß bei Beethoven und vielen anderen Komponisten die angezeigten Bindungen keine Bogenteilungen bedeuten, sondern nur Hinweise zur Phrasierung sind, die ich skrupellos befolge, wenngleich Bogenteilungen oft – schon mit Rücksicht auf die Tragfähigkeit in größeren Sälen und entsprechender tonlicher Entfaltung – angezeigt sind. In solchen Fällen lasse ich immer die originale Phrasierung unangetastet, notiere aber Teilungen durch Ab- und Aufstrich (⊓ und ∨), was einen möglichst unhörbaren Bogenwechsel voraussetzt. Man muß sich darüber klar sein, daß Beethoven und so manche andere Komponisten eigentlich Pianisten waren und von der Technik des Streichinstruments nicht.die gleiche Kenntnis hatten. Ein Beweis dafür ist die Tatsache, daß Beethoven gelegentlich Bindungen über zwölf Takte oder mehr setzte, sogar in Adagio-Sätzen, was als Bogenstrich unausführbar ist; daher sind diese Bindungen meistens als Phrasierungen zu verstehen.

Die Bogenstriche, die man nach verschiedenen Gesichtspunkten schließlich aussucht, sollten vor allem im Dienste der Phrasierung oder der musikalischen Darstellung selbst stehen, und nur in zweiter Linie dürfen sie sich nach dem technischen Komfort und der Sicherheit richten.

Ist man bereit, musikalische, stilistische und künstlerische Werte zu opfern, lassen sich Leben und Sicherheit auf dem Instrument

sehr viel einfacher gestalten. Die größte neuzeitliche Errungen-
schaft in dieser Hinsicht ist für mich, sich den höchsten und streng-
sten künstlerischen Forderungen zu unterwerfen und dank über-
legener Technik diejenigen Kompromisse zu umgehen, die hauptsächlich der Erleichterung und Bequemlichkeit dienen. In Wahr-
heit geht es entweder um technisch zwar solide und verläßliche
Fingersätze mit musikalisch ungenügender Verantwortung oder
um eine echt künstlerische – technisch oft kompliziertere – Interpretation. Nur die Synthese scheint die einzig wirklich befriedi-
gende und ideale Lösung.

Metronom-Vorschläge

Nr. 1 D-Dur op. 12 Nr. 1

  1. Satz Allegro con brio   ♩ = ca. 76– 80

  2. Satz Andante con moto   ♪ = ca. 54– 58

  3. Satz Rondo. Allegro   ♪ = ca. 104–108

Nr. 2 A-Dur op. 12 Nr. 2

  1. Satz Allegro vivace   ♩. = ca. 108–112

  2. Satz Andante più tosto Allegretto   ♩ = ca. 52– 60

  3. Satz Allegro piacevole   ♩. = ca. 76– 84

Nr. 3 Es-Dur op. 12 Nr. 3

  1. Satz Allegro con spirito   ♩ = ca. 126–144

  2. Satz Adagio con molta espressione   ♪ = ca. 63– 72

  3. Satz Rondo. Allegro molto   ♩ = ca. 138–144

Nr. 4 a-Moll op. 23

  1. Satz Presto   ♩. = ca. 132–176

  2. Satz Andante scherzoso più Allegretto   ♩ = ca. 76– 84

  3. Satz Allegro molto   ♪ = ca. 144–160

Nr. 5 F-Dur op. 24 (Frühlings-Sonate)

  1. Satz Allegro   ♩ = ca. 138–152

  2. Satz Adagio molto espressivo   ♪ = ca. 72– 88

  3. Satz Scherzo. Allegro molto   ♩. = ca. 88– 96

  4. Satz Rondo. Allegro ma non troppo   ♩ = ca. 72– 84

Nr. 6 A-Dur op. 30 Nr. 1

  1. Satz Allegro   ♩ = ca. 138–144

2. Satz Adagio molto espressivo ♪ = ca. 50– 60
3. Satz Allegretto con Variazioni ♩ = ca. 76– 84
    Var. VI Allegro, ma non tanto ♩. = ca. 84– 92

Nr. 7 c-Moll op. 30 Nr. 2
  1. Satz Allegro con brio ♩ = ca. 138–152
  2. Satz Adagio cantabile ♩ = ca. 50– 56
  3. Satz Scherzo. Allegro ♩. = ca. 60– 69
    Trio ♩. = ca. 58– 66
  4. Satz Finale. Allegro ♩ = ca. 120–138
    Presto ♩ = ca. 152–168

Nr. 8 G-Dur op. 30 Nr. 3
  1. Satz Allegro assai ♩ = ca. 96–108
  2. Satz Tempo di Minuetto ♩ = ca. 80– 92
  3. Satz Allegro vivace ♩ = ca. 66– 76

Nr. 9 A-Dur op. 47 (Kreutzer-Sonate)
  1. Satz Adagio sostenuto ♪ = ca. 63– 76
    Presto ♩ = ca. 138–168
  2. Satz Andante con Variazioni ♪ = ca. 88–104
    Var. I und II ♪ = ca. 108–126
    Var. III Minore ♪ = ca. 80– 92
    Var. IV Maggiore ♪ = ca. 80– 92
  3. Satz Presto ♩. = ca. 168–192

Nr. 10 G-Dur op. 96
  1. Satz Allegro moderato ♩ = ca. 112–126
  2. Satz Adagio espressivo ♪ = ca. 50– 63
  3. Satz Scherzo. Allegro ♩. = ca. 66– 76
    Trio ♩. = ca. 60– 72
  4. Satz Poco Allegretto ♩ = ca. 88–100
    (Var. I) ♩ = ca. 88–100
    (Var. II) ♩ = ca. 92–104
    (Var. III) ♩ = ca. 88–100
    Adagio espressivo ♪ = ca. 44– 52
    Allegro ♩ = ca. 116–138
    poco adagio ♪ = ca. 88–126
    Presto ♩ = ca. 126–144

Sonate Nr. 1 D-Dur op. 12 Nr. 1

Antonio Salieri gewidmet
Manuskript verschollen
Komponiert 1797/98
Erstausgabe Ende 1798 oder Anfang 1799:
»Tre Sonate / Per il Clavicembalo o Forte-Piano / con un
Violino / Composte, e Dedicate / al Sigr. Antonio Salieri /
primo Maestro di Capella della Corte / Imperiale di Vienna
&c. &c. / dal / Sigr. Luigi van Beethoven / Opera 12. /
a Vienna presso Artaria e Comp.«

Einführung

Diese erste der zehn Klavier-Violin-Sonaten ist ebenso erstaunlich wie die Klaviertrios op. 1. Obschon von vielen Musikologen

TRE SONATE
Per il Clavicembalo o Forte-Piano
con un Violino

Composte, e Dedicate

al Sigr. ANTONIO SALIERI
primo Maestro di Capella della Corte
Imperiale di Vienna &c. &c.

dal

Sigr. Luigi van Beethoven

Opera 12.

a Vienna presso Artaria e Comp.

3 f. 30.

immer noch abschätzig beurteilt, zeugt sie bereits von einer großen Meisterschaft. Gewiß erreichen die ersten zwei Sonaten op. 12 noch nicht die Größe und Tiefe späterer Werke, was sich auch von anderen Kompositionen Beethovens sagen läßt, so etwa von den ersten Klaviersonaten oder den Streichquartetten op. 18. Und doch zeigt sich auch im frühen Beethoven bereits die Genialität, ähnlich wie bei Mozart und Schubert. Diese erste Sonate ist – mehr als die zweite – lobenswerterweise doch öfter im Konzertsaal zu hören und wird vom Publikum mit Freude aufgenommen. Neben dem musikalisch unproblematischen, frischen und formvollendeten ersten und dritten Satz finden wir im zweiten Satz bereits eine große Meisterschaft in der Beherrschung der Variationenform. Es gibt schon hier Aufbauähnlichkeiten mit der Kreutzer-Sonate op. 47; in beiden ist die erste Variation solistisch dem Klavier gewidmet und die zweite der Geige, während die übrigen wirklich duettierend sind.

Im ganzen gesehen, ein liebenswertes Werk!

Erster Satz: Allegro con brio

Gleich der erste Akkord wird öfter von beiden Instrumenten verschieden ausgeführt. Pianisten haben mit der stereotypen Arpeggierung, die Ende des 19. und anfangs des 20. Jahrhunderts Mode war, gründlich aufgeräumt, was bedauerlicherweise für Geiger nicht zutrifft. Letztere haben noch immer die schlechte Gewohnheit, fast alle Akkorde zu brechen, was zu einer rhythmischen Verwässerung führt. Im vorliegenden Fall besteht dafür weder ein musikalischer noch technischer Grund. Gelingt es dem Geiger nicht, diesen ersten Akkord dreistimmig durchzuhalten, ist mein Vorschlag folgender:

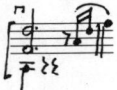

Die Punkte über und unter den Vierteln in den ersten vier Takten für beide Instrumente und in der Violine allein auch in den **Takten 5–9** sind natürlich als Verkürzung des jeweiligen Viertels sowohl im Klavier wie auch in der Geige zu verstehen, nicht als Pause vor dem Viertel. Um dieser unklaren, zweideutigen Schreibweise abzuhelfen, kam ich auf die Idee, eine unterschiedliche Orthographie für die zwei Ausführungen zu verwenden. Sie ist in den meisten meiner Ausgaben zu finden:

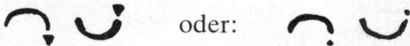

Der Punkt innerhalb des Bindebogens bedeutet Luftpause vor der Note, für den Geiger im ersten Fall durch Bogenhebung, im zweiten auf der Saite.

Der Punkt außerhalb des Bindebogens bedeutet Verkürzung dieser Note ohne vorherige Luftpause:

Leider wurde in früheren Zeiten und wird sogar noch heute dieser Unterschied nicht klar dargestellt, und hier haben wir wieder einmal ein offenkundiges Beispiel der widersprüchlichen Notation und uneinheitlichen Terminologie!

Die Phrasierung in den **Takten 14–16** und **18** im Klavier sowie in der Parallelstelle **151–153** und **155** wird von fast allen Pianisten so gespielt, als hätten die letzten beiden Viertel die gleiche Bedeutung. Sie erklingen meistens gleichartig und werden weder dynamisch noch agogisch verändert. Für mich bedeutet jeweils das erste Viertel die Beendung der Triolenphrase, während das zweite gleichsam als Auftakt aufzufassen ist. Daher schlage ich vor, das erste Viertel etwas mehr als das zweite zu verkürzen, etwa:

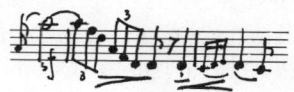

Das Piano subito (so sehr charakteristisch für Beethoven) in **Takt 12** sollten beide Partner sehr ernst nehmen. Dieser Hinweis bezieht sich auf die Dynamik in allen Werken Beethovens.

In der Erstausgabe finden wir in der Violinstimme das p bereits am Anfang des **Taktes 21,** was aber bei einem gleichzeitigen fp im Klavier nicht sinnvoll erscheint. Ich rate daher dem Geiger, das p erst auf dem dritten Viertel dieses Taktes zu beginnen.

Das ff in **Takt 26,** ohne Zweifel als plötzliches, also unvorbereites Subito gedacht, ist keinesfalls mit einem Crescendo einzuleiten, im Gegensatz zu den **Takten 28–33,** wo der Geiger besonders zu beachten hat, daß das Klavier das Crescendo ohne Pausen fortsetzt. Jeder neue Einsatz des Geigers nach den Unterbrechungen muß sich dem vom Klavier bereits erreichten dynamischen Grad anpassen, was bei einer gedanklichen Fortsetzung des cresc. auch in den Pausen möglich ist.

Für den Geiger gelten in den **Takten 34** und **38** sowie **159** und **163** dieselben Prinzipien wie für den Pianisten in den **Takten 14, 16** und **18** sowie **151, 153** und **155,** das heißt eine unterschiedliche Phrasierung der letzten Viertel. Das zweitletzte Viertel ist Abschluß der vorhergehenden Phrase und das letzte Auftakt zur nächsten, was in der Geigenstimme **Takt 162** besonders deutlich ist:

Im Klavier gilt dieselbe Regel in den **Takten 36, 40** sowie **161.** Die **Takte 51–52** und **176–177** haben wieder die unklare Punktbezeichnung für die Violine; auch in diesem Fall nicht vor der zweiten angebundenen Note pausieren, sondern verkürzen. Das gleiche trifft für das Klavier auf die **Takte 55–56** und **180–181** zu.

Der Triolenauftakt im Klavier zu **Takt 50** und **175** sowie in der Geige zu **Takt 54** und **179** sollte sich dynamisch etwas von der vorherigen Phrase abheben, weil an dieser Stelle das jeweilige Instrument die Führung übernimmt. Am Ende der **Takte 57** und **182** scheint mir in der Triolenfigur der Geige ein einleitendes, ganz winziges Calando erwünscht. Die Achtel in der Violinstimme **Takte 61** und **186** sollten trotz der Punkte nicht zu kurz ausgeführt werden, etwa:

Die etwas eigenwillige Dynamik beider Instrumente in den **Takten 64–70** und **189–195** würde ich strikt befolgen, denn sie ist durchaus überzeugend und offenbar für beide Instrumente verschieden gedacht. Der Geiger macht allzuoft keinen Unterschied zwischen dem Piano in **Takt 71** und dem Pianissimo in **Takt 72,** weil das vorhergehende p zu leise genommen wird und dadurch keine dynamische Abstiegsmöglichkeit besteht, was auch auf die Takte **196–197** zutrifft. Ein sich immer wiederholender schwerwiegender Fehler vieler Geiger ist die Gewohnheit eines Ritardandos in den **Takten 77** und **202,** nur weil es die letzten für die Geige sind. In Wirklichkeit handelt es sich um eine viertaktige Phrase, die erst durch das Klavier in den **Takten 78** und **203** zu Ende geführt wird. Demnach – wenn überhaupt – kann nur der Pianist ein mehr oder weniger abschließendes winziges rit. anbringen.

In **Takt 86** sollte der Geiger unbedingt einen Nachschlag nach dem Triller spielen, wie es an dieser Stelle im Klavier notiert ist, abgesehen davon, daß bei der Parallelstelle in **Takt 211** der Nachschlag von Beethoven selbst angegeben ist.

Die Punkte für beide Instrumente in den **Takten 87–88, 102–103** und **212–213** bedeuten eine ganz leichte Trennung der Noten; daher keinesfalls vom Pianisten ein durchgehaltenes Pedal!

In den **Takten 89–90, 104–105** und **214–215** ist das letzte Viertel in der Geige immer eine einstimmige Note, also viel unbetonter im Gegensatz zum Akkord des vorletzten Viertels. Dies sollte den Pianisten veranlassen, auch seinen zweiten Akkord etwas weniger betont auszuführen.

Merkwürdigerweise ist in der Geigenstimme **Takt 106** der Vorschlag im Erstdruck als ein A angegeben, aber in fast allen Ausgaben als C. Sicherlich handelt es sich hier um einen Druckfehler, da die analogen Vorschläge im Klavier in den **Takten 108, 112, 116** und **120** immer von der unteren Oktave ausgehen.

Die weitverbreitete pianistische Gewohnheit, die **Takte 126–132** mit viel Pedal durchzuhalten, halte ich für absolut verfehlt, denn abgesehen von den Punkten auf den abschließenden Vierteln, die ja eine Verkürzung des Notenwertes anzeigen, handelt es sich hier nicht einfach um zerlegte Akkorde, sondern um eine Variante des thematischen Geschehens wie in den **Takten 1–4** und **138–141.**

Aus technischen Gründen werden manchmal die Geigenakkorde in den **Takten 91–92** und **216–217** allzu forte gespielt; diese sollten wirklich leise beginnen, um eine Steigerung zu **Takt 93** beziehungsweise **218** zu erreichen, was bei sehr schneller Arpeggio-Ausführung an der Spitze unproblematisch ist.

In **Takt 205** ist in fast allen älteren Ausgaben eine unrichtige Note in der Violinstimme notiert:

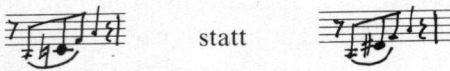

Im übrigen teile ich die Meinung Joseph Szigetis, das Tempo dieses Satzes nicht zu schnell, also nicht »alla breve«, zu nehmen, sondern stets ⁴/₄, trotz der Bezeichnung »con brio«.

Zweiter Satz: Tema con Variazioni. Andante con moto

Dieser Satz wird leider oft beinahe wie ein Adagio, also zu langsam, gespielt. Obwohl ich nicht der Meinung bin, alle Variationen müßten streng in ein und demselben Tempo gehalten werden, finde ich doch den Grundcharakter eher graziös und spielerisch, mit Ausnahme der dritten Variation. Wie Justus Hermann Wetzel sehr richtig sagt: »... nur wer die bestimmte motivische Prägung erfaßt und demgemäß behandelt, wird den Geist dieser noch aus dem Rokoko geborenen Musik zu beschwören vermögen. Es ist Freude am Spiel mit kleinen und kleinsten motivischen Gebilden, und sie muß den Spieler so beherrschen, wie sie das Gestalten des Tonsetzers lenkte.« (Beethovens Violinsonaten, Bd. 1, S. 57) Die erste und zweite Variation entsprechen ganz dem Charakter des Themas, und schon deswegen sollten sie in ungefähr gleichem Zeitmaß gespielt werden. Anders verhält es sich mit der dritten und vierten Variation: Die Minore-Variation hat etwas außergewöhnlich Stürmisches und Dramatisches und kann durchaus schneller sein als die vorhergehenden; die Maggiore-Variation jedoch ist von verklärter, ruhig zurückblickender Art, und sie dürfte fast etwas langsamer genommen werden als das Thema.

Schon im Thema sollten Pianisten wie Geiger von der verschiedenen Bedeutung der Punkte Kenntnis nehmen. Pianisten scheint es etwas geläufiger zu sein als Geigern, daß Punkte mit Bindebogen anders behandelt werden müssen als solche ohne. Der Pianist kennt den Unterschied zwischen einem Staccato ♪♪♪♪ und einem Non-Legato ♪♪♪♪, also länger als ein reines Staccato. Das Non-Legato des Pianisten (und Beethoven war ein solcher) ist einem Portato für den Geiger etwa gleichzusetzen. Der Pianist beachte dieses Non-Legato in den **Takten 3, 5–6, 17–18** und **25–26,** der Geiger in den **Takten 11, 13–14** und **25–26.** Es ist bedauerlich, daß sowohl Pianisten wie Geiger ein sf auf der ersten Note des vierten Taktes des Themas anbringen. Diese Note im p schafft einen Gegensatz zu der »Espressivo«-Betonung des zweiten Taktes. Ein unbeabsichtigtes Crescendo in den **Takten 5–7** für den Pianisten und **13–15** für den Geiger ist zu vermeiden.

In den **Takten 23–24** rate ich dem Pianisten zu einer verhältnismäßig ruhigen Ausführung des Mordents, etwa so:

Variation I

Es ist für beide Duettisten empfehlenswert, speziell die ersten zwei Takte des ersten und auch zweiten Teils sehr genau zu probieren, um eine optimale Klangeinheit der zwei so heterogenen Instrumente zu erreichen und sich auch rhythmisch genau aufeinander abzustimmen. Am besten ist es, Geige und linke Hand Klavier allein zu üben:

In der Erstausgabe **Takte 37–39** finden wir die sfz der Geige immer auf dem letzten Sechzehntel; in Angleichung an die sfz des Klaviers stehen diese jedoch in allen Ausgaben auf der vorletzten. Bei Beethoven wäre die eigenwillige Dynamik der Erstausgabe durchaus denkbar. Leider ist das Autograph verschollen.

Variation II

Ein hörbarer Lagenwechsel des Geigers im ersten oder zweiten
Takt und das dadurch verursachte – meist ungewollte – Glissando
wirken ästhetisch störend; erstrebenswert wäre eine äußerst klare
Definition der Notenfolge, ähnlich wie im Klavier. Daher folgender Fingersatzvorschlag:

Musikalisch betrachtet ist im Klavierpart eine gegensätzliche Behandlung beider Hände in dieser Variation sehr reizvoll, das heißt
rechts sehr legato mit einer leichten Betonung auf jeder obersten
Note und links eine Art »Buffo«-Staccato.

In **Takt 60** der Klavierstimme ist es erstaunlich, daß das sfz in der
rechten Hand im Erstdruck nicht – wie in allen anderen Texten –
auf der ersten Note, vermutlich als Angleichung zur Geigenstimme, steht, sondern erst auf dem dritten Zweiunddreißigstel:

Ein sehr reizvoller Gedanke!

Variation III Minore

Hier dürfen beide Instrumentalisten in den **Takten 72, 74, 76, 80,
82, 84, 87– 88, 90, 92** und am Schluß der Variation keinesfalls ein
Diminuendo machen, denn die folgenden Piano subito verleihen
dieser Variation ihren dämonischen Charakter.

Die skurrile Dynamik im Klavier, wie etwa der Auftakt zu **Takt 73**
und **Takt 89,** ist meines Erachtens beabsichtigt; leider wird dieser
oft bereits piano gespielt.

Joseph Szigeti schlägt für den Geiger ein Martelé am Frosch vor,
was zwar denkbar, aber sehr persönlich ist, heute ersetzbar durch
ein hartes Spiccato – ebenfalls in Froschnähe.

Variation IV Maggiore

Der Pianist sollte die synkopisch auftretende thematische Mittelstimme in der rechten Hand gegenüber allem anderen etwas mehr hervorheben. Die Punkte in der Geigenstimme **Takte 105** bis **106** und **113–114** sowie **128–130** und **134** sind wirklich ernst zu nehmen, ebenso im Klavier **Takte 113–114, 121–124,** das gleiche gilt auch in den **Takten 129–133** sowie für die letzte Triole in **Takt 135.**

Ab **Takt 117** empfehle ich eine Zurückhaltung in der Violine und in der rechten Hand im Klavier gegenüber der linken.

Innerhalb der zwischen beiden Instrumenten aufgesplitterten Thematik **Takte 125–128** erachte ich den Einsatz der Geige erst auf der obersten Note des Klavierarpeggios für richtig, um so das Thema nahtlos zu übernehmen.

Dritter Satz: Rondo. Allegro

Diese Satzbezeichnung »Allegro« ohne die oft vorkommenden Zusätze wie etwa »assai«, »molto«, »vivace«, »con spirito«, »ma non troppo«, »con brio«, »moderato«, »ma non tanto« usw. gibt Anlaß zu Spekulationen über das eigentlich richtige Tempo. Dieselbe isoliert stehende Bezeichnung finden wir auch in folgenden Sonaten: Nr. 5 erster Satz, Nr. 6 erster Satz, Nr. 7 dritter und vierter Satz, Nr. 10 dritter Satz.

Meist können gute und erfahrene Musiker instinktiv den Charakter und somit auch das Tempo erkennen. Dieser Satz wird meines Erachtens allerdings meistens langsamer gespielt, als es die Musik verlangt.

Das Fehlen eines verkürzenden Punktes bei jedem Auftakt des Rondo-Themas im Klavier wie in der Violine scheint mir erwähnenswert und interessant. Ob darin eine Absicht liegt? Ich jedenfalls glaube, auch der Auftakt sollte kurz sein.

Die Angleichung mancher dynamischen Bezeichnungen in Parallelstellen halte ich für durchaus berechtigt, auch wenn die Angaben in beiden Stimmen verschieden sind oder teilweise fehlen, so in den **Takten 17, 21, 23, 50–51, 93, 118–119, 135, 139, 141, 154–155, 162, 168–169, 184, 186, 196, 209** und **215.** In diesem zuletzt erwähnten Takt steht in der Erstausgabe ein ff für den Sechzehntel-Einsatz der Geige. Es ist klar, daß diese Sechzehntel auch im ersten Fall, **Takte 211–212,** laut gespielt werden sollten. Weshalb aber nur das zweitemal ein ff angegeben ist, das übrigens im Klavier fehlt, ist nicht ganz begreiflich. Dieses ff wird in allen Ausgaben eliminiert.

Trotz fehlender Dynamikangabe hält der Pianist sicherlich den Anfang des Satzes und jede Wiederholung des Rondo-Themas – mit Ausnahme der **Takte 127–134** – im p; das gleiche gilt für die Geige in den **Takten 8** und **59.** In all diesen Fällen folgt später ein f **(Takte 17** und **127),** in **Takt 64** sogar mit einem cresc.

Die Punkte über und unter den Noten der Geigenstimme in diesem Satz sind wegen seines Charakters fast durchweg als Spiccato aufzufassen. Auch hier wäre eine Differenzierung der Notation nützlich, wie ich sie in allen meinen Ausgaben, mit Ausnahme der reinen Urtexte, anwende: Punkte allein zeigen einen kurzen Martelé an, das heißt auf der Saite bleibend. Hat der Punkt außerdem einen Balken –, sind weiche, verlängerte Martelé-Striche gemeint. Wo aber ein Keil steht ▼, wird eine kurze, gesprungene Note angezeigt, also die Saite verlassend. Mit Balken ▼ wird zwar auch eine springende Strichart beabsichtigt, jedoch ebenfalls weicher und verlängert. Mit dieser Notation würde der Geiger – zumindest in dieser Hinsicht – nicht im dunkeln tappen.

Das sf in den **Takten 17** und **135** ist einem f gleichzusetzen, schon wegen des zwei Takte später folgenden Piano subito.

Für das ff in **Takt 37** ist eine Reserve unerläßlich, deshalb empfehle ich, die f-**Takte 31–36** nur begrenzt kräftig zu spielen, was auch auf die Parallelstelle **Takte 149–155** zutrifft.

Der Geiger sollte den Auftakt in den **Takten 43** und **161** als solchen interpretieren und nicht – wie ich es öfter hörte – die Phrase erst im nächsten Takt beginnen. Möglicherweise wird er zu solchem Irrtum verleitet, weil das Piano in den meisten Ausgaben erst mit dem neuen **Takt 44** – beziehungsweise **Takt 162** – angegeben ist.

Ich rate dem Geiger, in den **Takten 50–51** die Dynamik dem Kla-

vier anzupassen. In der Erstausgabe, aber auch in einigen späteren
Veröffentlichungen, ist der Schweller für die Geige erst in **Takt 51**
angegeben. Erstens stimmt diese Bezeichnung nicht mit der Parallelstelle **Takte 168–169** überein, wo selbst in der Erstausgabe der
Schweller schon im Takt vorher beginnt, und zweitens ist ganz
unwahrscheinlich, daß die Dynamik der beiden Instrumente an
dieser Stelle nur beim ersten Mal verschieden sein soll, also nicht:

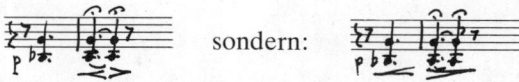

Merkwürdigerweise fehlt im Geigenpart in vielen Ausgaben das
vierte Achtel in **Takt 73,** obwohl darüber kein Zweifel besteht,

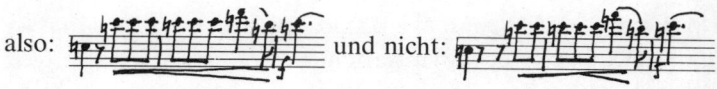

Ich glaube, das p sub. in **Takt 76** ist für beide Instrumente ernst
gemeint, obschon man zumeist ein dim. bereits in **Takt 75** zu hören
bekommt. Die für die Geige notierten Pausen in den **Takten**
81–82 und **89–90** sind für die Beschwingtheit, Leichtigkeit und
Eleganz dieses Themas von großer Bedeutung und dürfen keinesfalls – wie leider so oft – übersehen werden. Im Geigenpart fehlt
offensichtlich ein pp in **Takt 93,** es ist in einigen Ausgaben berechtigterweise ergänzt. Die **Takte 93–96** sind deswegen aber nicht als
Begleitung zum führenden Klavierpart zu betrachten; vielmehr
handelt es sich hier um ein kontrapunktisches Geschehen, das dem
Klavier melodisch mit Wärme entgegengesetzt wird, um ab
Takt 97 kanonisch die vorhergehenden vier Takte des Klaviers zu
wiederholen.
Es wäre schade, die sfz in den **Takten 103–109** – für beide Instrumente durchaus sinnvoll an verschiedenen Stellen notiert – durch
gegenseitige Anpassung zu verwässern. In **Takt 118** sollte sich der
Geiger – trotz des fehlenden cresc. – dem Klavier anpassen. In
Takt 119 muß das Thema selbst nach dem fp unbedingt piano fort-
gesetzt werden, denn ab **Takt 127** plus Auftakt hat das Klavier im
Gegensatz zur bisherigen Piano-Darstellung des Themas zum erstenmal ein wirkliches Forte. An dieser Stelle empfiehlt Joseph

Szigeti in seinem Büchlein »Beethovens Violinwerke« (S. 32)
einen merkwürdigen Fingersatz:

Wie alles beim großen Meister Szigeti, ist so etwas ohne Zweifel
interessant, aber eigentlich bizarr. Möglicherweise kam er zu solchen Überlegungen, weil seinerzeit alle D-Saiten im Vergleich zu
den anderen, selbst auf den feinsten Instrumenten, wesentlich
schwächer waren. Die heute erhältliche Silber-D-Saite ist nun
ebenso kräftig wie die übrigen, so daß eine solche Rücksichtnahme
überflüssig ist.

Ich empfehle dem Pianisten, in **Takt 170** mit seinem neuen Einsatz
nach der Fermate etwas zu warten, einmal, um den vorherigen
Akkord verklingen zu lassen, zum anderen, um der Geige den prä-
zisen – rhythmisch nicht ganz leichten – Einsatz zu ermöglichen.
Bei der Geigenfigur **Takte 178–182** spiele ich das erste und vierte
Achtel jeweils auf einer anderen Saite:

In allen Ausgaben fehlt in der Violinstimme die Crescendo-Be-
zeichnung in **Takt 186,** die – wie im Klavier – zum Höhepunkt
Takt 191 führt. Die dynamischen Kontraste von **Takt 201** bis zum
Schluß sind überaus genau angegeben und müssen auch präzise
befolgt werden. Beethoven hat in diesen Werken offenbar keine
Anstrengung unterlassen, sehr genaue, manchmal haarsträubend
schwierige Dynamikangaben zu machen, die integrierter Teil der
Komposition selbst sind. Das zu ignorieren – was leider oft der Fall
ist – kommt einer Veränderung des Notentextes gleich.

Sonate Nr. 2 A-Dur op. 12 Nr. 2

Antonio Salieri gewidmet
Manuskript verschollen
Komponiert 1797/98
Erstausgabe Ende 1798 oder Anfang 1799:
»**Tre Sonate / Per il Clavicembalo o Forte-Piano / con un**
Violino / Composte, e Dedicate / al Sigr. Antonio Salieri /
primo Maestro di Capella della Corte / Imperiale di Vienna
&c. &c. / dal / Sigr. Luigi van Beethoven / Opera 12. /
a Vienna presso Artaria e Comp.«

Einführung

Diese Sonate unterscheidet sich im Charakter beträchtlich von der
ersten und dritten Sonate aus op. 12, beide viel energiegeladener
und dramatischer, während diese Nr. 2 noch stark dem galanten
Stil verpflichtet ist. Obschon ein wirklich charmantes Werk, erfreut es sich leider nicht allgemeiner Beliebtheit. Mag sein, der
heute mehr dem Solistischen zugeneigte Geiger findet, er hätte in
dieser Sonate »zuwenig zu tun« und oft nur Begleitfiguren auszuführen. Es ist übrigens eigenartig festzustellen, daß die Sonaten
mit ungeraden Zahlen, die Nr. 1, 3, 5, 7 und 9, wesentlich öfter in
Konzerten zu hören sind als die anderen; Bevorzugungen, die ich
nicht teile.

Erster Satz: Allegro vivace

Das Hauptthema dieses ersten Satzes ist im wesentlichen graziös
aufzufassen, daher empfehle ich beiden Partnern, das zweite Achtel stets zu verkürzen.
Das Zusammenspiel kann stark gefährdet werden, wenn Läufe
nicht völlig rhythmisch ausgeführt werden (**Takte 9–10** im Klavier
und **Takte 13–14** in der Geige). Ähnliche Stellen finden sich in
den **Takten 25–26, 96–97, 132–133** und **136–137**.

Für den Geiger ist es vorteilhaft, in den **Takten 13–14, 25–26** und **136–137** Bogenteilungen vorzunehmen, da er sonst Gefahr läuft, durch die Forte-Passagen des Klaviers so überschattet zu werden, daß seine Läufe nicht mehr wahrnehmbar sind. Das setzt natürlich – wie bei allen ähnlich gelagerten Stellen – einen unhörbaren Bogenwechsel voraus und ergibt somit keinen akustischen Unterschied zur Originalphrasierung. Bei dem Lauf im p in den **Takten 96–97** erübrigt sich eine Teilung.

In **Takt 30** sollte der Violinist das p erst auf dem zweiten Achtel beginnen und nicht – wie in der Erstausgabe notiert – schon auf dem ersten. Von der musikalischen Phrasierung wie von der akustischen Seite betrachtet, wäre ein p in der Geige am Anfang des Taktes nicht nur unsinnig, sondern auch unhörbar, da im Klavierpart das f bis zum Schluß der Phrase, also logischerweise auch auf dem ersten Taktteil, durchgeführt wird. Ähnlich verhält es sich in den **Takten 36** und **152.**

In den **Takten 34–35** und **150–151** wird oft von beiden Instrumentalisten irrtümlicherweise piano nach den sfz gespielt. Ich bin der Ansicht, das cresc. in **Takt 32** beziehungsweise **148** geht bis zum p sub. in **Takt 36** und im zweiten Fall bis **Takt 152,** die sfz unterbrechen also das cresc. nicht.

Die Punkte in den **Takten 31–35** und **146–151** sind vom Geiger nicht zu kurz, sondern gesanglich auszuführen, was auch für die Klavierstimme in den **Takten 36–41** und **152–157** gilt.

Der Punkt auf dem Viertel dieser Figur

sowohl für Klavier wie Violine **(Takte 46–54** und **162–170)** ist einwandfrei als Verkürzung der Viertelnote zu deuten. Daher meine schon oft angewandte Darstellung: ⌒ bedeutet Pause *vor* der letzten Note, und ⌒ bedeutet Pause *nach* der letzten Note, also Verkürzung. Diesen orthographischen Unterschied habe ich leider noch in keiner Ausgabe vorgefunden.

Die recht eigenwillige Dynamik in den **Takten 58** und **174,** für beide Instrumente uneinheitlich angegeben, scheint mir sinnvoll, weil für die Geige die Phrase tatsächlich am Anfang des Taktes beginnt, jedoch im Klavier erst ab der zweiten Takthälfte.

Die sfz in den **Takten 48–53** und **164–169** sind für Geige und Klavier innerhalb der Piano-Phrase aufzufassen und nicht, wie so oft bei Beethoven, einem Forte gleichzusetzen.

Die Einwürfe in den **Takten 62–63** und **178–179** im Klavier dürfen nicht allzu leise vorgetragen werden, damit der Unterschied zum folgenden pp deutlich wahrnehmbar wird; das trifft auch für die Geige in den **Takten 63** und **179** zu.

Eine besonders genaue Ausführung der Phrasierung im Klavier wie in der Geige ist in den **Takten 68–83** und **184–199** notwendig, denn die Artikulation ändert sich in den **Takten 74–75, 81–83** wie auch in den **Takten 190–191, 197–199:**

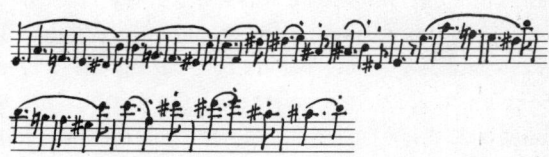

Also keine Staccato-Note auf das letzte Achtel der **Takte 70, 72, 73, 78, 80, 82,** ebensowenig **186, 188, 194** und **196.** Hingegen muß der Punkt über dem zweiten Taktteil der **Takte 74, 75** und **81–83,** auch **190, 191** und **197–199** ernst genommen werden, also verkürzt:

Die letzten Achtel der **Takte 74, 75** und **81–85** sowie **190, 191** und **197–201** sind zweifelsohne kurze Staccato-Noten.

Der Anfang des zweiten Teils in **Takt 88** bleibt für das Klavier problematisch. In der Erstausgabe ist der Vorschlag so notiert:

In der Urtextausgabe von Henle irrtümlicherweise

also nicht verkürzt. In anderen älteren Ausgaben, zum Beispiel bei Joseph Joachim, sogar als Achtel ausgeschrieben:

Beide Versionen sind denkbar; ich bevorzuge in diesem Fall den
kurzen Vorschlag, besonders, weil die Achtel in der Geige gleichzeitig ausgeschrieben sind.

Das Fehlen des sfz in der Geigenstimme in der zweiten Hälfte der
Takte 103 und **105** – im Gegensatz zum Klavier in den **Takten 104**
und **106** – ist durchaus gerechtfertigt und sollte respektiert und
nicht »verbessert« werden, um so mehr, als in beiden Instrumenten die sfz in den **Takten 107–108** gleich behandelt sind.

Die unterschiedliche dynamische Bezeichnung für beide Instrumente am Anfang der Reprise **Takt 124** finde ich nicht überzeugend. In der Erstausgabe ist allerdings auch die Bezeichnung fp im
Klavier und p in der Violine bereits am Anfang des Taktes angegeben. Da zur Zeit der Erstausgabe nicht beide Stimmen als Partitur gedruckt wurden, sondern jede für sich, ist diese Diskrepanz
wahrscheinlich weder dem Stecher noch dem Komponisten aufge-
fallen. Ich würde mich nach dem Klavier richten und ebenfalls ein
fp spielen.

Merkwürdig ist die Notierung des **Takts 161** der Geige im Erstdruck:

Ich stimme aber mit den meisten Herausgebern überein, diesen
Takt ebenso wie **Takt 45** zu gestalten:

Mit der Änderung im Rhythmus für die Violine **Takt 216** sollte
auch die Strichrichtung eine Änderung erfahren. Mein Vorschlag:
Takte 212–215 jedesmal im Aufstrich (∨), da sie noch immer im
p und graziös vorzutragen sind, jedoch ab **Takt 216–220** auf Abstrich (⊓) wechseln, um so die steigende Erregung und Atemlosigkeit besser zu veranschaulichen.

Pianisten vernachlässigen oft das p sub. in **Takt 226;** entweder
bringen sie vorher ein Diminuendo im Lauf, oder sie spielen die
erste Note des Taktes als fp.

Die technische Ausführung der linken Hand im Klavier in den

Takten 242–244 läßt wiederholt zu wünschen übrig, weil die Oktaven meistens nicht legato, also nicht gebunden, klingen.

Zu diesem Satz möchte ich noch ein kleines Erlebnis hinzufügen: Bei einer meiner Aufführungen dieser Sonate war ein sehr bekannter Wiener Musiker der älteren Generation, dessen Name ungenannt bleiben soll, im Konzert. Er fand zwar die Interpretation im ganzen schön und gut, nur hätte seiner Ansicht nach der erste Satz viel langsamer genommen werden müssen, so etwa wie ein richtig gemütlicher Wiener Walzer, vielleicht sogar mit dem von der Tradition bekannten verfrühten zweiten Achtel!

Zweiter Satz: Andante più tosto Allegretto

Bei Beethoven finden wir manchmal Satzbezeichnungen, die nicht jedermann versteht. Mir ist unbegreiflich, warum so viele Studenten (aber nicht nur sie) gar kein Bedürfnis haben, solche ausführlichen Bezeichnungen eines Komponisten zu ergründen. So traf ich nur wenige Geiger, die sich Gedanken darüber machten, was Mozart im ersten Satz seines Violinkonzerts A-Dur KV 219 mit der ungewöhnlichen Bezeichnung »aperto« gemeint hat.

Beim zweiten Satz der hier besprochenen Sonate heißt es: »Andante più tosto Allegretto«, eine Bezeichnung, über die sich sehr wenige Musiker Rechenschaft geben. Wie bereits in der Einführung zu dieser Sonate erwähnt, weist der Charakter dieses Werks einen mehr galanten Stil auf, so auch dieser Satz, und daher ist das Verstehen der Satzbezeichnung von Vorteil. Die Umschreibung würde etwa so lauten: »Andante, fast schon wie ein Allegretto«, ein wichtiger Hinweis also, diesen Satz nicht tragisch zu interpretieren oder zu langsam zu spielen. Die unterschiedliche Phrasierung des Hauptthemas im Klavier und in der Geige ist in diesem Fall ausnahmsweise als Bogenstrich für die Geige aufzufassen. In **Takt 111** steht plötzlich im Klavier eine andere Phrasierung. Ich glaube nicht an eine beabsichtigte Variante. Im dritten Takt sieht sich der Pianist wiederum vor einem Problem: Eigentlich gehört ein cresc. auf das erste Viertel, was auf der Geige ohne Schwierigkeit und sehr schön durchführbar ist. Leider ist dies dem Pianisten

nicht möglich, und ein tiefes, oft hörbares Einatmen oder Stöhnen
ist kein wirklicher Ersatz! Es bleibt ihm nichts anderes übrig, als
das zweite Viertel eben lauter als das erste zu spielen, was ebenfalls für die **Takte 11, 18, 26, 71, 80, 86, 113** und **115** gilt. Auch in
der Dynamik sollte man der feinen Nuancierung nicht aus dem
Weg gehen. Der erste Akkord wird oft ähnlich dem von **Takt 5** gespielt, das heißt mit einem fp, anfänglich muß er aber unbedingt p
sein. In **Takt 6** ist das erste Achtel an die vorherigen Sechzehntel
angebunden, jedoch durch Punktbezeichnung verkürzt. Diese
Verkürzungen sind sinngemäß überall dort auszuführen, wo die
Abschlußnote mit einem Punkt versehen ist. In meiner Orthographie sieht das so aus: ⌢' oder ⌣. nicht innerhalb der Bindung.

Wie bereits erwähnt, würde ich **Takt 6** so bezeichnen:

Die letzten drei Achtel sind als Non-Legato zu verstehen, also
nicht zu kurz. Sehr wichtig scheint mir das plötzliche pp in **Takt 7**;
demnach darf das vorhergehende p nicht allzu leise sein. Genau das
gleiche gilt für den Vortrag des Hauptthemas der Geige in den **Takten 9 – 16.** Für den Geiger möchte ich noch einmal betonen: **Takt 14**
nicht kurz spielen, denn die pianistische Bezeichnung bedeutet
Non-Legato, wenn über oder unter Punkten eine Bindung steht!

Vor den **Takten 20, 28, 88** und **96** schlage ich eine leichte Verzögerung vor, um mit größerem Nachdruck als die vorhergehenden
das letzte sfz zu betonen. Daher muß die Geige das zweite Sechzehntel in **Takt 88** ebenfalls verspätet bringen, was auch für das
Klavier **Takt 96** zutrifft.

Die Violine führt in den **Takten 33 – 40;** dementsprechend spielt
das Klavier den Kanon imitierend und etwas leiser. Während die
Geige im letzten Takt dieser Phrase **(Takt 40)** eher an Volumen
abnimmt, steigert sich das Klavier zur Führung dieses Seitenthemas ab **Takt 41.** Hier verfährt der Geiger mit dem Kanon **(Takte 42 – 48)** ebenso wie vorher das Klavier; er überläßt ihm die Führung. Eine – wenn auch nicht ausdrücklich verlangte – Dynamik in
diesem Seitenthema **(Takte 33 – 48)** im Sinne eines leichten cresc.

zum zweiten, vierten und sechsten Takt scheint mir natürlich und
angebracht:

Mit dem Auftakt der Geige zu **Takt 49** beginnt der zweite Teil des
Kanons, und er dominiert wiederum in der Geige bis **Takt 56.** Ab
diesem Takt übernimmt das Klavier die Führung.

Etwas verwirrend sind meines Erachtens die dynamischen Bezeichnungen (oder besser das Fehlen genauer dynamischer Bezeichnungen) in den **Takten 79–83.** Ich gehe davon aus, daß das
Klavier vom zweiten Sechzehntel der Oktavierung in **Takt 79** im p
sein muß, ähnlich dem **Takt 71** der Violine, andernfalls wäre das p
in der Geige sinnlos. Meine Annahme eines fehlenden p in **Takt 79**
der Klavierstimme ist um so einleuchtender, als sonst die f-Be-
zeichnung in **Takt 81** überflüssig wäre. Das sfz in der Geige in
Takt 81 ist, wie so oft bei Beethoven, als f zu verstehen, denn das p
in **Takt 83** hätte sonst keinen Sinn. Übrigens fehlt auch an dieser
Stelle das p im Klavier.

Da das Klavier bereits am Anfang des **Taktes 109** das cresc. beginnt, rate ich dem Geiger, schon mit dem vom Pianisten erreichten dynamischen Volumen einzusetzen.

Die sehr genau bezeichnete Dynamik von **Takt 111** bis zum Schluß
des Satzes ist aufs präziseste zu befolgen, so zum Beispiel das p
(und nicht pp) in **Takt 115,** dem das pp erst in **Takt 119** folgt.
Takt 120 schließt auf dem ersten Sechzehntel der Violinstimme
die vorhergehende Phrase ab, und die neue beginnt mit dem zweiten Sechzehntel analog den **Takten 121** und **124** im Klavier. Das
bedeutet nicht eine Abtrennung des ersten vom zweiten Sechzehntel, sondern eine winzige Verlängerung der ersten Note mit
einer leichten dynamischen Unterstützung, so etwa:

Interessant ist auch der Vergleich der Dynamik in **Takt 124** des Klaviers, wobei das cresc. erst auf dem zweiten Sechzehntel beginnt. Der vorletzte Takt ist nach dem vorhergehenden rinf. ein echtes p sub., darf aber noch kein pp sein, das für die letzten beiden Schläge vorbehalten bleibt.

Es sei noch einmal erwähnt, daß die Interpretation dieses ganzen Satzes – wie eingangs bereits besprochen – nicht dramatisch aufzufassen ist; der galante Stil überschreitet nirgends die Grenzen der guten Sitten, demnach ist ein »gepflegtes« Spiel mit schöner und eleganter Tongebung empfehlenswert.

Dritter Satz: Allegro piacevole

Auch hier ist die Satzbezeichnung ungewöhnlich. Für Interpreten, die nicht wissen, was Beethoven mit dem Zusatz »piacevole« gemeint hat, möchte ich es so erläutern: wohlgefällig, angenehm, charmant. Ein weiterer Hinweis auf den heiteren und lieblichen Charakter der ganzen Sonate.

In diesem Rondo fällt auf, daß im Gegensatz zum ersten Takt auf dem zweiten Viertel des zweiten und dritten Taktes ein verkürzender Punkt fehlt. Dies ist sicher kein Versehen, denn die unterschiedliche Behandlung finden wir im ganzen Satz in beiden Stimmen. Die Ausführung müßte demnach etwa so lauten:

und zwar für Klavier und Geige.

Der typische derbe Humor Beethovens manifestiert sich wieder einmal in sogenannten falschen Betonungen in den **Takten 34–48** und in der Parallele **Takte 263–277**. In **Takt 33** wie in **Takt 262** fehlt im Klavier ein f, das in Anbetracht der Fortführung an diesen Stellen zwingend ist. Der Hinweis p in den **Takten 38** und **267** im Klavier ist ein weiterer Beweis. In **Takt 49** fehlt ein p, das bei der Parallele in **Takt 278** aber vorhanden ist. Die Abstufung vom p zum pp in den **Takten 51–53** und bei der gleichen Stelle in der Reprise **(Takte 280–282)** ist sorgfältig zu beachten, denn sie leitet das zarte und ruhige Seitenthema ein.

Die in manchen Ausgaben in Klammern angegebenen p der **Takte 61** und **65** sind mit Berechtigung den p der Erstausgabe (Violinpart **Takte 290** und **294**) angeglichen.

In den **Takten 72–82** ist die jeweilige Verkürzung des letzten Viertels in beiden Instrumenten genau zu befolgen; das wiederholt sich in der Reprise **Takte 301–311.**

Der Pianist sollte die untere Terz der **Takte 116–119** so gestalten, daß die Oberstimme der Violine deutlich erkennbar ist, dies um so mehr, als das neue Themenmaterial durch die Geige in den folgenden sechzehn Takten weitergeführt wird. Die linke Hand im Klavier könnte liebevoll zur begleitenden rechten das »Espressivo« eines Cellos imitieren. Mit dem Auftakt vom zweiten Achtel **Takt 135** hat der Pianist die Möglichkeit, mit einem leichten cresc. den Aufschwung zum darauffolgenden Klavierthema vorzubereiten. Auch die Geige dürfte in den **Takten 136–151** nicht allzu zimperlich vorgehen. Es handelt sich hier nicht um eine reine Begleitung, sondern die Stelle hat kontrapunktischen Charakter. Um in **Takt 132** eine liebenswürdige Ruhe zu verdeutlichen, müßten die **Takte 128–131** mit Spannung geladen sein, was natürlich auch für die **Takte 144–148** gilt.

Mit den letzten beiden Vierteln in **Takt 151** nimmt die Geige den zweiten Teil des Themas wieder auf; das Volumenverhältnis der begleitenden rechten Hand des Klaviers wie auch der ausdrucksvollen linken ist den **Takten 120–134** anzugleichen. Die **Takte 167–183** sind ähnlich zu behandeln wie vorher **151–167.**

In der Erstausgabe steht in **Takt 180** der Geigenstimme:

Danach ist das vorletzte Achtel ein C und nicht – wie in vielen älteren Ausgaben – ein Cis. Das C der Erstausgabe und der in unserer Zeit herausgegebenen Urtextausgaben überzeugt mich nicht; beide Versionen scheinen mir möglich, ich bevorzuge (vielleicht aus Gewohnheit) das Cis.

Die etwas komplizierte Dynamik in den **Takten 184–231** ist sehr genau zu beachten: zuerst ein cresc. über vier Takte, gefolgt von einem ebenfalls viertaktigen decresc. Nur ein wirkliches pp in **Takt 192** erlaubt ein unbedingt kräftigeres p im darauffolgenden Takt, schon deshalb, weil sich daran ein decresc. anschließt.

Auch **Takt 198** steht im p, muß also stärker gespielt werden als **Takt 200.** Praktisch aus dem Nichts folgt ein steiles cresc. vom pp zum ff über nur vier Takte, das – wenn richtig ausgeführt – außerordentlich dramatisch wirkt.

Auch die Nuance p im zweiten Viertel von **Takt 216** zum pp in **Takt 226** ist sehr reizvoll; es wäre schade, würde sie übersehen.

Die gegensätzliche Dynamik in der Klavier- und Geigenstimme in den **Takten 328 – 329** ist sicher kein Zufall und entspricht einer logisch durchgeführten Idee, nur wäre der thematische Einsatz der Geige im Zusammenwirken von f des Klaviers und p der Geige nicht zu hören. Unter Berücksichtigung der richtigen Grundidee muß dieses Problem in einem akustisch bestmöglichen Kompromiß gelöst werden.

Nicht alles in der Musik braucht philosophisch, dramatisch oder tiefernst zu sein. Heiterkeit, Unbekümmertheit und jugendliche Frische haben ebenso ihre Berechtigung, und wer den lieblichen, unbeschwerten Charakter dieser Sonate erkennt und genießt und entsprechend wiedergeben kann, wird diesem reizenden Werk Gerechtigkeit widerfahren lassen.

Sonate Nr. 3 Es-Dur op. 12 Nr. 3

Antonio Salieri gewidmet
Manuskript verschollen
Komponiert 1797/98
Erstausgabe Ende 1798 oder Anfang 1799:
»Tre Sonate / Per il Clavicembalo o Forte-Piano / con un
Violino / Composte, e Dedicate / al Sigr. Antonio Salieri /
primo Maestro di Capella della Corte / Imperiale di Vienna
&c. &c. / dal / Sigr. Luigi van Beethoven / Opera 12. /
a Vienna presso Artaria e Comp.«

Einführung

Von den ersten drei Klavier-Violin-Sonaten ist diese wohl die dramatischste, obschon noch nicht in dem Maße wie etwa die a-Moll-Sonate op. 23, die c-Moll-Sonate op. 30 Nr. 2 oder die Kreutzer-Sonate op. 47, aber der langsame zweite Satz läßt uns bereits den späten Beethoven ahnen.

Der erste Satz ist besonders bei den Pianisten gefürchtet, denn die Läufe im erwünschten Tempo sind wahrlich nicht leicht und beträchtlich schwieriger als für den Geiger. Der erste und der dritte Satz sind ähnlich wie in den ersten beiden Sonaten noch jugendlich unbeschwert, ja sogar hie und da scherzhaft, obschon nicht ganz so derb witzig, wie Beethoven es in anderen Werken sein konnte.

Der Versuch, die vorgeschriebene Dynamik getreu zu realisieren, stellt beide Duettisten vor erhebliche Probleme, besonders im letzten Satz. Sie lassen sich durchaus meistern, und es ist vor allem lohnend!

Erster Satz: Allegro con spirito

Die Auftakte, anfänglich im Klavier, dann in beiden Instrumenten, in den **Takten 2** und **4** werden oft f gespielt oder mit einem cresc. versehen, das gleiche geschieht in der Reprise **Takte 105** und **107.** Es sei hier festgehalten, daß die verschiedene Dynamik im Klavier am Anfang der Exposition **(Takte 1–4)** und in der Reprise **(Takte 104–107)** sicherlich beabsichtigt ist, was leider oft vernachlässigt wird. Der Auftakt der Geige zu **Takt 5** kann etwas verspätet beginnen, so daß die ersten vier Takte gleichsam als Vorspiel erscheinen; ebenso **Takt 107.** Die auch hier von Beethoven in beiden Instrumenten angegebenen Punkte

wären in meiner Version klarer; bei der Verkürzung einer Note setze ich den Punkt außerhalb der Bindung:

Das Achtel ist demnach als Sechzehntel aufzufassen. Das cresc. in **Takt 9** nicht allzu schnell entwickeln, damit nicht bereits in **Takt 11** der Höhepunkt erreicht wird, was nicht der Absicht des Komponisten entspricht. Ob in den **Takten 13** und **115** ein p sub. auf den ersten Schlag auszuführen ist, darüber ließe sich streiten, da das p in der Violinstimme des Erstdrucks in **Takt 13** zwischen dem ersten und zweiten Achtel steht und im **Takt 115** gänzlich fehlt. Im Klavierpart steht das p allerdings an beiden Stellen am Anfang des Taktes, daher ist es wahrscheinlicher, das p in beiden Instrumenten auf den ersten Schlag anzuwenden. Wie so oft bei Beethoven, ist das sfz im Violinpart **Takt 18** entsprechend der Klavierstimme als f aufzufassen. Das cresc. in **Takt 21** führt schließlich zum ff in **Takt 22** und markiert eine noch größere Steigerung.

Takt 23 ist in seiner Dynamik reichlich unklar. Im Geigenpart könnte der Vorschlag A ohne weiteres noch im ff sein und das p sub. erst auf der Hauptnote F. Darüber hinaus ist auch in der Klavierstimme das p erst auf dem zweiten Achtel oder gar – wie in der Erstausgabe – auf dem vierten Viertel anzuwenden. Für den Anfang des **Taktes 23** ist in jedem Fall in beiden Instrumenten ff verbindlich. In der Phrasierung der Geige **Takte 30** und **126** drängt sich eine leichte Verkürzung des dritten Viertels auf, damit

der Triller auf dem vierten Viertel auftaktig wirkt. Der Nachschlag
in **Takt 30,** der übrigens in der Parallelstelle **Takt 126** im Erstdruck fehlt, muß natürlich ergänzt und an den Triller angebunden
werden. Schöner ist es, wenn die linke Hand des Klaviers in den
Takten 29–36 und **125–132** nicht nur als reine Baßfigur betrachtet wird; ein »Espressivo« als Gegenstimme zum Violinpart ist besonders reizvoll. Die **Takte 31** und **127** in der Geige sowie **39** und
135 im Klavier sind nicht als kurze Noten aufzufassen; Punkte mit
Bindebogen verstehen sich als »Non-Legato«.

Beethovens Phrasierungsangabe in den **Takten 33** und **129** ist für
viele Geiger unklar und wird daher sehr verschiedenartig ausgeführt. Im Erstdruck und in Urtextausgaben steht folgendes:

im nächsten Takt dagegen:

Noch verwirrender sind die diesbezüglichen Angaben im Klavierpart **Takt 41**

und **Takt 137**

Daß **Takte 33–34** und **129** anders phrasiert werden sollen als die
folgenden, steht fest. Doch wie? Mein Vorschlag ist, für beide Instrumente die Phrasierung der Violine in **Takt 36** an allen analogen Stellen dieses Satzes zu adoptieren:

In manchen Ausführungen werden die Punkte im Geigenpart
Takte 37–43 und **133–139** als Springbogen gedeutet. Hier han-
delt es sich meines Erachtens um einen Irrtum, denn erstens ist die
Realisierung meist schon durch die unumgänglichen Saitenwech-

sel unbefriedigend, und zweitens werden Punkte von vielen Komponisten oft als »Non-Legato« verwendet.

Der Einsatz der Geige **Takte 45** und **141** sollte nicht ganz im p beginnen, sondern bereits auf der dynamischen Stufe, die das Klavier durch das cresc. des **Taktes 44** beziehungsweise **140** erreicht hat. Es wäre auch darauf zu achten, daß das f in den **Takten 47** und **143** eine weitere Steigerung zum ff in den **Takten 49** und **145** zuläßt. Die Längen der Achtel in den **Takten 50 – 51** und **146 – 147** sind in beiden Instrumenten anzugleichen.

In **Takt 58** fehlt im Klavier das p auf dem zweiten Achtel; es ist ebenso zu berücksichtigen wie in **Takt 154**. Auch fehlen im Klavier in den **Takten 59 – 63** die Punkte über dem letzten Achtel:

die in der Parallele **Takte 155 – 159** von Beethoven notiert sind.

In der linken Hand des Klaviers sind ebenfalls so manche Punkte in vielen Ausgaben weggelassen. Für die **Takte 89 – 95** sind anfänglich Punkte zu ersetzen, jedoch in den letzten drei Takten zur lyrischen Ces-Dur-Stelle ist ein Übergang durch graduelle Verlängerung angebracht. Sehr wünschenswert ist die dynamische Abstufung vom p zum pp im Klavier **Takte 62** und **158** auf dem sechsten Achtel und in der Geige **Takte 63** und **159**. Ebensowenig sollte die Unterscheidung vom f in den **Takten 64** und **160** zum ff in den **Takten 66** und **162** vernachlässigt werden. Die Akkorde in den **Takten 68 – 74** werden sowohl in der Geige wie in der linken Hand des Klaviers allzuoft kurz abgerissen. Es sind schließlich Viertel ohne verkürzende Punkte, und diese sind nicht den verkürzten Achteln in der rechten Hand des Klaviers anzugleichen. Der Geiger scheue sich nicht vor Bogenteilungen in den Passagen **Takte 75** und **77,** denn er spielt in der gedeckten Mittellage, müßte aber wirklich ein echtes ff produzieren. Die sf für beide Instrumente in den **Takten 82 – 83, 86 – 87** und **90 – 91** sind einem fp gleichzusetzen. Hier zeigen sich die Widersprüchlichkeit und gelegentliche Ungenauigkeit Beethovens in seinen Bezeichnungen. Dafür sind eben wir Interpreten da! In der bezaubernden Ces-Dur-Stelle ab **Takt 96** sollte meines Erachtens der Mordent in

Takt 98 auch vom Geiger ausgeführt werden, obwohl in einigen Ausgaben und im Erstdruck nicht angegeben. Rhythmisch sehr ruhig, etwa:

In der Coda wird von den meisten Geigern die Dynamik im **Takt 165** ungenau ausgeführt; entweder bleibt in solchen Fällen die ganze Passage f, oder das p wird bereits in der zweiten Hälfte des Taktes erreicht. Es scheint mir empfehlenswert, die verkürzten Viertel des Klaviers in **Takt 168** und der Geige im nächsten Takt gesanglich und nicht allzu kurz zu spielen, um einen deutlichen Unterschied zu den darauffolgenden Achteln der **Takte 170** und **171** zu markieren. Ein Ritardando im letzten Takt ist nicht ratsam.

Zweiter Satz: Adagio con molta espressione

Am Anfang dieses Satzes sind die begleitenden Achtel in der Geige und in der linken Hand des Klaviers in voller Länge ungekürzt und ruhig durchzuhalten und ebenfalls die »Nonlegati« **Takte 4** und **6.**
Urtext-Fanatiker nehmen sicher an, daß **Takt 6** im Geigenpart durch das Fehlen der Punkte und des Bindebogens nicht analog zum Klavier und **Takt 4** auszuführen sei! – Der Mordent in **Takt 2** des Klaviers und **Takt 10** in der Violine wird häufig folgendermaßen ausgeführt:

was der Komponist ohne Schwierigkeit so hätte notieren können. Diese Ausführung scheint mir etwas pedantisch und schwerfällig. Daher schlage ich vor, wie in vielen ähnlichen Fällen, diesen Rhythmus etwas aufzulockern, etwa so:

Die Gewohnheit vieler Instrumentalisten, Barockprinzipien auch auf spätere Stilepochen zu übertragen, scheint zumindest fragwürdig. So werden die Mordente im Klavier in den **Takten 4, 6, 42** und **44** sowie in der Geige **Takt 12** oft mit der oberen Note begonnen:

Die aufsteigende Linie ohne Ornament heißt ohne Zweifel:

Daher sollte das E auf der vorletzten Note nicht vorweggenommen werden. Mein Vorschlag:

Der Pianist achte auf die Verschiedenheit des Ornaments in den **Takten 4** und **6** sowie **42** und **44,** also das zweitemal mit einem zusätzlichen Triller.

In **Takt 8** tritt die Geige allmählich aus der anfänglichen Begleitertätigkeit in das führende thematische Geschehen ein, was sich am besten durch ein leichtes Crescendo verdeutlichen läßt. Die Baßfigur der linken Hand des Klaviers in den **Takten 9–14** wird oft nicht in der typischen Charakteristik Beethovens dargestellt. Artur Schnabel war ein hervorragender Interpret solcher Nebenfiguren, die unter seiner Hand die eigentliche Bedeutung eindrucksvoll offenbarten. Man nehme sich dieser Stelle mit besonderer Liebe und Sorgfalt an. Der Vorschlag am Anfang des **Taktes 15** im Geigenpart wird von den Interpreten verschieden ausgeführt; so hörte ich bei Aufführungen einen ganz kurzen Vorschlag oder auch gegensätzlich einen langen im Wert eines vollen Achtels. Ich selbst bevorzuge ein ruhiges Sechzehntel:

Unklar bleibt, ob der Vorschlag in **Takt 19** im Klavierpart noch f sein sollte oder bereits p. Die Notation der Dynamik, speziell in der Geigenstimme, könnte darauf hinweisen, mit dem p erst auf der Hauptnote einzusetzen. Da man sich bei diesen Erstausgaben nicht darauf verlassen kann, ob die dynamischen Bezeichnungen genau an den richtigen Stellen angegeben sind, besteht hier auch die Möglichkeit, das p in der Geige – analog zum Klavier – am Anfang des Taktes zu beginnen. Die **Takte 35** und **36** sollten jeweils nach den sf auf dem letzten Viertel des vorhergehenden Taktes leise begonnen werden. Dem Geiger empfehle ich, in **Takt 38** das letzte Achtel etwas zu verlängern, damit die erste Note des nächsten Taktes nicht mit dem Vorschlag des Klaviers zusammentrifft, sondern erst mit der Hauptnote.

Das cresc. in **Takt 42** bedingt das Mitgehen der Geige trotz fehlender Bezeichnung, denn das p in **Takt 43** ist unbedingt als subito aufzufassen, was aus der Klavierdynamik klar ersichtlich ist. Das gleiche trifft auf **Takt 44** zu.

Die Vorschläge in **Takt 45** des Klaviers sollten meines Erachtens antizipiert werden, also rhythmisch vor dem guten Taktteil. Der Mordent in **Takt 48** wird von Pianisten nicht selten rhythmisch unbedacht ausgeführt. Mein Vorschlag:

so daß das letzte Zweiunddreißigstel genau mit dem Auftakt der Geige zusammenfällt. Die Abstufung p in **Takt 50** und pp in den **Takten 51** sowie **57–58** müßte ernster genommen werden, als es allgemein geschieht.

In **Takt 52** der Geigenstimme Mordent nicht:

          sondern:

wie bereits an früherer Stelle hingewiesen. Im Geigenpart fehlt in **Takt 62** ein zum sf des nächsten Taktes führendes cresc., analog zur dynamischen Klavierbezeichnung. Im vorletzten Takt der Geige wäre eine Angleichung zum ⟍ des Klavierparts nicht sinnvoll, denn das p sub. im letzten Takt ist ganz sicher beabsichtigt.

Dritter Satz: Rondo. Allegro molto

Manche Interpreten spielen neben den vorgeschriebenen sfz in den **Takten 1** und **2** auch am Anfang von **Takt 3** ein sf (ebenso **Takt 7**), was sicherlich unbeabsichtigt und vermeidbar ist. Der Geiger sollte beim Vortrag des Themas nicht in den gleichen

Fehler verfallen. Diese Dynamik ist beim Rondo-Thema jedesmal
genau zu beachten. Eine Ausnahme finden wir in den **Takten 163 – 164** im Klavier, wo die sf in den ersten vier Takten ausfallen. Den Pianisten gelingt es nicht immer, in den **Takten 16 – 17**
und **174 – 175** die Sechzehntel der rechten Hand wirklich in Zweiergruppen zu gestalten, was in derselben Figur **Takte 20 – 21** und
178 – 179 für den Geiger keine besondere Schwierigkeit darstellt.
Die leichte Verkürzung des zweiten Sechzehntels kann hier hilfreich sein. Die sf in den **Takten 24, 26, 28** und **30** sind innerhalb
des vorherrschenden p zu verstehen, denn das darauffolgende
cresc. in **Takt 31** wäre sonst sinnlos. Übrigens wird dieses cresc.
nicht etwa beim ersten sf arretiert, sondern entwickelt sich von
Takt 31 zum ff in **Takt 40.** Man vermeide auch, die letzten beiden
Achtel der **Takte 43, 47, 182, 186** und **190** bereits f zu spielen, was
leider oft aus Unachtsamkeit geschieht. Das darauffolgende ff
oder f sollte jedenfalls unvorbereitet eintreten. Das Seitenthema
Takt 52 mit Auftakt könnte um eine winzige Spur langsamer gespielt werden als das Grundtempo des Satzes. Die Verkürzung der
Viertel in den **Takten 72–75** ist beabsichtigt, nur muß über die eigentliche Länge Übereinstimmung zwischen Geiger und Pianisten
herrschen. Die abwärtsführende Passage des Klaviers in den **Takten 75 – 78** wird oft dynamisch sehr ungenau ausgeführt; entweder
bleibt sie bis zum Eintritt der Geige im f, oder das decresc. erfolgt
bereits im zweiten Takt. Eine gefällige Variante bringt Beethoven
in der linken Hand **Takte 83 – 84** durch die Bindung, die an anderen Stellen als Staccato steht. Obwohl die Begleitfigur der Geige in
den **Takten 87 – 93** sowie **163 – 196** keine Punkte aufweist, befürworte ich eine leichte Springstrichart (Sautillé), um jede Schwer-
fälligkeit auszuschließen.
Die **Takte 97, 101** und **105– 107** der Geige sind sehr reizvoll im
Martelé (also kurz auf der Saite), das entspricht dem etwas dezisi-
ven Charakter dieser Stelle und kontrastiert überdies zu einem
weichen Spiccato der **Takte 109– 116.**
Ebenso verfahre ich in den **Takten 117– 129** (Martelé) beziehungsweise **131 – 146** (Spiccato). In Vorbereitung oder Rückfüh-
rung zum Rondo-Thema könnte man in **Takt 162** eine winzige
Verzögerung anbringen. Beim Eintreten des Orgelpunktes im

Klavier **Takt 245** sollte meines Erachtens eine Art »pesante« Platz greifen, will sagen sehr kräftig und etwas langsamer.

Mit dem Auftakt zu **Takt 259** kehre man zum alten Tempo zurück, leicht und elegant, aber auch die Achtel kurz, selbst in der linken Hand des Klaviers.

Beachtenswert ist die charakterliche Veränderung, die mit **Takt 266** eintritt. Alle Achtel in Geige und Klavier sollten hier plötzlich weicher und länger sein als vorher und die halben Noten im Baß des Klaviers sehr gesanglich und lang. Es klingt hier schon eine Abschiedsatmosphäre an. Um so spritziger und kürzer, fast scherzando, dann die letzten **Takte ab 274.**

Sonate Nr. 4 a-Moll op. 23

Graf Moritz von Fries gewidmet
Manuskript verschollen
Komponiert 1800/01 zugleich mit der Klaviersonate op. 22
und der Klavier-Violin-Sonate op. 24
Erstausgabe Oktober 1801, erstmals erschienen als »Deux
Sonates ... Œuvre 23« zusammen mit op. 24:
»Deux Sonates / pour le Piano Forte / avec un Violon /
composées et dédiées / A Monsieur le Comte Maurice de
Fries / Chambellan de S. M. & R. / Par /
Louis van Beethoven / – Œuvre 23 /
à Vienne chez T. Mollo et Comp.«

Einführung

Zum erstenmal tritt in der Serie der Klavier-Violin-Sonaten (mit Ausnahme des zweiten Satzes) die echte Dramatik Beethovens zutage, weitab vom bisher gepflegten galanten Stil. Die Atemlosigkeit und Spannung in den Ecksätzen tragen bereits Anzeichen jener Entwicklung, die innerhalb dieser Art ihren Höhepunkt in der Kreutzer-Sonate erreicht. Unverständlich, weshalb auch dieses Werk nicht öfter in Konzertsälen zu hören ist.

Erster Satz: Presto

In der Interpretation sollte klar erkenntlich und hörbar sein, daß die ersten acht Takte des Klaviers führen. Die Geige spielt – trotz der kräftigen sf – eine sekundäre Rolle. Der Auftakt in **Takt 8** gibt dann der Geige den Vortritt, was beide Interpreten sowohl im Charakter wie auch in der Dynamik deutlich darstellen sollten. Es gibt Unterschiede zwischen einem führenden, thematischen Piano, einem kontrapunktischen und schließlich einem begleitenden. Diese drei »Piani« haben also verschiedenartige Funktionen und können sich recht wesentlich voneinander unterscheiden. Die Geige bleibt mehr oder weniger führend bis **Takt 24,** und beide Instrumente müssen ganz scharfe Trennungen von f und p durchführen.

Das Klavier übernimmt die Führung trotz des Bindebogens erst vom zweiten Achtel des **Taktes 24** an. Man vergleiche hier die Phrasierungen in beiden Instrumenten in **Takt 26,** die nachtaktig zu verstehen sind. Die Geige setzt führend in **Takt 26** ein, und trotz der Imitation bleibt sie weiterhin dominant bis zum Auftakt des Klaviers **Takt 37.**

Nun sollte die Hauptstimme im Klavier bis **Takt 54** fortgesetzt werden. Hier übernimmt die Geige wieder vier Takte lang das Hauptgeschehen und wird dann im ff – anders phrasiert – vom Klavier in **Takt 58** abgelöst.

Wichtig scheint mir auch die Verdeutlichung in den **Takten 62 – 68:** Die rechte Hand des Klaviers hat die Oberstimme vom zweiten Achtel des **Taktes 62,** die Geige wiederum ab dem zweiten Achtel des **Taktes 64.** Im zweiten Teil sollten die **Takte 76** bis zum p sub. in **Takt 84** von beiden Instrumentalisten hart, rhythmisch, kurz und kompromißlos ff durchgeführt werden. Mit Ausnahme der absteigenden Linie der linken Hand des Klaviers in den **Takten 84, 86, 88** und **90 – 94** bleibt die Geige Trägerin des Geschehens. Die in Violine und Klavier an verschiedenen Stellen notierten sf sind genau zu beachten.

Die Grunddynamik bleibt hier allerdings p bis zum cresc. in **Takt 108.** Das fp im Violinpart auf dem zweiten Achtel in **Takt 120** könnte man anzweifeln, zumindest ist es eigenartig. Ich glaube an ein Versehen und würde es mit dem Klavier auf dem ersten Achtel logischer finden. Jedenfalls hat die Geige zwei Takte lang die Oberstimme und wird vom Klavier in **Takt 122** mit dem zweiten Achtel abgelöst. Die **Takte 132 – 135** verlangen ein Ritartando, obschon nicht notiert, das musikalisch zwingend und natürlich ist.

Es ist erstaunlich, wie das in **Takt 136** beginnende Seitenthema mit vorherigem Auftakt von der Mehrzahl der Interpreten falsch phrasiert wird. Üblicherweise wird ab dem zweiten Takt einfach jeder halbe Takt akzentuiert, doch ist das letzte Achtel im zweiten

und dritten Takt stets als Auftakt zu betrachten. Die einzig über-
zeugende Phrasierung scheint mir etwa folgende:

Sie sollte so überall, wo diese Figur auftritt, von beiden Instrumenten angewendet werden. Bei der Reprise seien die Interpreten besonders auf die anders als am Anfang geartete Dynamik hingewiesen.

Ein ähnliches Problem stellt das Rondo-Thema im letzten Satz des
Violinkonzertes op. 61 dar. Auch hier wird meistens von den
Geigern jeder halbe Takt betont, etwa:

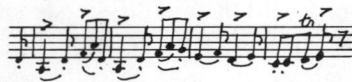

statt sich in der Phrasierung nach der rhythmischen Gestaltung in
der Begleitung zu richten:

das heißt, der erste, zweite und vierte Takt sind ganztaktig, der
dritte jedoch ist halbtaktig. Daher liegt die Betonung im ersten,
zweiten und vierten Takt auf der ersten Note, aber im dritten Takt sowohl auf dem ersten wie auch auf dem vierten Achtel.

In **Takt 176** setzt die Geige auch ab dem zweiten Achtel die Führung fort, bis das Klavier wiederholend und imitierend dieselbe
Figur vom zweiten Achtel des **Taktes 178** aufnimmt. Bis zur Coda
sind im übrigen die Empfehlungen für die Exposition anzuwenden. Hier erinnere ich nochmals an meinen Phrasierungsvor-
schlag. Der Geigeneinsatz am Anfang der Coda, letztes Achtel
von **Takt 223,** erhält die notwendige Ruhe nach dem vorherigen
stürmischen ff, wenn dieser Einsatz aus charakterlichen und akustischen Gründen etwas verspätet kommt. Die p in den **Takten 239** und **241** sind als echte »subito« zu beachten, sollten aber

in den **Takten 242–243** nicht imitiert werden. Die letzten drei Takte müssen dynamisch sehr klar abgestuft werden, deshalb das p in **Takt 250** noch nicht zu leise, damit im letzten Takt ein pp möglich bleibt.

Zweiter Satz: *Andante scherzoso più Allegretto*

Der Punkt des jeweils angebundenen Achtels ist im ganzen Satz, ob notiert oder nicht, immer als Verkürzung zu verstehen:

Der Auftakt zum Fugato **Takte 32, 36, 39** und **42** sowie **91–93**, auch **Takt 159** und **162** ist nicht als kurze Staccato-Note aufzufassen, selbst wenn zwei Takte später die letzten beiden Achtel mit Punkten versehen sind. Die Phrasierung verstehe ich folgendermaßen:

Das gilt für beide Instrumente.

Die verschiedenen sf in beiden Instrumenten **Takte 60, 62–64** und **180, 182–184** sind hier außer den erheblichen Akzenten als durchgehaltene f gedacht, denn sonst wäre die p-Angabe in den **Takten 61, 65** und **181, 185** sinnlos. In **Takt 185** fehlt übrigens das Piano, das aber sinngemäß entsprechend **Takt 65** ergänzt werden muß. Von der zweiten Hälfte des **Taktes 68** bis zur zweiten Hälfte des **Taktes 72** hat die Geige die Oberstimme, dann führt in rhythmisch variierter Weise das Klavier mit den Sechzehntel-Oktaven.

Die zwei Achtel mit Punkten in den **Takten 77, 79, 81, 83** sowie **197, 199, 201, 203** sind breit auszuführen, nicht nur der pianistischen »Non-Legato«-Bezeichnung wegen mit der Bindung über den Punkten, sondern auch um dem weichen, singenden Charakter gerecht zu werden. Die beiden langen Oktav-A der Geige in

den **Takten 123–125** und **127–129** sind wegen der Problematik
der Bogeneinteilung schwer zu realisieren. Manche Geiger teilen
in beiden Fällen den Strich, was keine Ideallösung darstellt. Ob
Auf- oder Abstrich, ist nicht wichtig, jedoch ist eine ungleichmä-
ßige Bogeneinteilung absolut erforderlich. Also anfänglich sparen
und im Verlaufe des Strichs an Bogengeschwindigkeit zunehmen,
damit das beabsichtigte Crescendo verwirklicht werden kann. Der
nach dem Triller im Klavier **Takt 137** fehlende Nachschlag ist analog zu **Takt 133** anzubringen.

Die **Takte 46–50** und **166–170** müssen takt-, also blockweise
ohne dynamische Übergänge durchgeführt werden: kein dim. zum
p oder cresc. zum f.

Dritter Satz: Allegro molto

Das Tempo dieses Satzes ist zwar halbtaktig und auch ziemlich
schnell, man hüte sich jedoch, diesen Satz im Presto zu spielen.
Spannung und Atemlosigkeit im Charakter lassen sich durch andere Mittel als durch bloße Schnelligkeit hervorbringen.

In den **Takten 1–8** sollten alle Noten in der Geige leicht getrennt
werden, damit ein zu guter Bogenwechsel die rhythmische Definition nicht stört. In **Takt 7** scheinen mir Staccato-Punkte für die
Geige sowie für die linke Hand des Klaviers unerläßlich. Hier bie-
tet sich der Vergleich mit der originalen Punktbezeichnung in der
Violinstimme **Takt 15** an. Also auch in diesem Takt in der linken
Hand des Klaviers kurze Noten (siehe auch Klavierstimme **Takte 318** und **322**).

Man beachte die genaue dynamische Bezeichnung im Rondo-
Thema **Takt 6:** nach dem sfz sofort dim. zum p des nächsten Taktes, ebenso **Takt 14** im Unterschied zu den **Takten 18–20,
71–73, 111–113, 221–223** und **317–323**.

Die Phrasierung in den **Takten 20–24** des Klaviers sehe ich so:

womit nicht eine rhythmische Verschiebung gemeint ist.

Bei dem letzten Viertel der Violinstimme **Takt 35** sollte die führende Oberstimme bis zum dritten Viertel in **Takt 39** beachtet
werden, darauf übernimmt das Klavier die Oberstimme bis zum
ersten Viertel **Takt 43.** In diesem Takt ist zwar ein p sub. in beiden Stimmen notiert; man bedenke jedoch das darauffolgende
decresc., es darf also nicht sofort pp gespielt werden. Die unterschiedliche dynamische Bezeichnung für beide Instrumente in
Takt 49 scheint mir nicht gerechtfertigt. Das p in der Geige ist
zwar an den **Takt 51** des Klaviers angeglichen, doch ist es in der
Balance unrealistisch. Ich glaube daher, vor dem vorhandenen p
ist einfach ein f übersehen worden.

Für die rhythmische Aufteilung der sieben kleinen Noten in der
Violine **Takt 51** und im Klavier **Takt 53** sollten beide Partner ein
Abkommen treffen, damit nicht in beiden Instrumenten verschieden phrasiert wird. Mein Vorschlag:

Das Intermezzo **Takte 74–93** ist rhythmisch recht schwierig auszuführen. Zwischen den ersten beiden Vierteln des Klaviers und
dem dritten und vierten der Geige dürfte keine Ungleichmäßigkeit
oder gar ein Rubato auftreten.

Strengster Rhythmus ist absolutes Gebot! Übrigens sei darauf
hingewiesen, daß die **Takte 88–89** und **92–93** wesentliche Verlängerungen im Vergleich zu **Takt 81** aufweisen.

Im Seitenthema **Takte 113–203** halte ich Nachschläge bei allen
Trillern für ratsam, wenngleich von Beethoven nicht extra notiert.
(Vergleiche **Takt 282,** wo Beethoven den Nachschlag ausschreibt!) In den **Takten 120** und **152** der Geigenstimme:

Im Klavier **Takte 128, 144, 160** und **176:**

In den **Takten 191–195:**

All die in den **Takten 129, 137, 145, 153, 161, 169** und **177** bezeichneten p sub. sind genauestens zu beachten, denn sie sind lebendiger Ausdruck der beabsichtigten Spannung.

Dabei ist stets darauf zu achten, p nicht mit pp zu verwechseln, wie das Beispiel in den **Takten 177–178** zeigt. Die gebundenen Noten in den **Takten 198–201** sind trotz der Punkte über den Vierteln nicht kurz zu spielen und stellen wieder einmal die pianistische Bezeichnung des »Non-Legato« dar. Die Akkorde in der Violine **Takte 223–231** dürfen nicht gebrochen werden, denn Brechungen verfälschen den dramatischen und rhythmischen Charakter dieser Stelle; außerdem würde es keinem Pianisten einfallen, seine Akkorde hier zu arpeggieren.

Eine violinistische Raffinesse ist folgender Fingersatz, der durch die Wahl der E-Saite für die sfz die Dynamik fast automatisch ins richtige Licht setzt **(Takte 235–245):**

In den **Takten 259–266** ist die gleiche Aufteilung von Ober- und Unterstimme anzuwenden wie in den **Takten 35–43,** das heißt, die Geige führt vom letzten Viertel von **Takt 259** an, und das Klavier beginnt die Oberstimme auf dem letzten Viertel von **Takt 263.**

Sehr schwierig ist die Ausführung der Dynamik in den **Takten 283–304.** Zunächst ein p, im nächsten Takt von einem pp gefolgt, das nicht so leise sein darf wie das endgültige decresc. **Takt 301,** nämlich »quasi niente«. Hier ist für beide Partner die in

Webernschen Werken vorkommende Bezeichnung »kaum hörbar« angebracht. Über das darauffolgende cresc. bestehen verschiedene Auffassungen; einige Interpreten sind der Meinung, dieses cresc. müsse eine rasante Entwicklung nehmen, **Takt 304** folglich ein p sub. sein, andere wollen dagegen das cresc. vom »quasi niente« zum p hinführen. Ich teile die letztgenannte Ansicht; sonst hätte auch das p auf dem letzten Viertel der Geige in **Takt 303** keinen Sinn.

Ein ähnliches Fingersatzverfahren wie in den **Takten 235–248** der Geige scheint mir auch in den **Takten 312–321** angezeigt:

Im p sub. **Takt 323** vergesse der Spieler nicht, daß ein decresc. zum pp in **Takt 327** führt. Die Achtelfiguren **Takt 323** in der Geige sind kurz (am besten springend) und im Klavier legato auszuführen, wobei in beiden Stimmen das Abschlußviertel jeder Figur verkürzt ist. Das cresc. **Takt 329** und das decresc. im darauffolgenden Takt sollte die Erregung widerspiegeln und sehr kontrastreich sein.

Sonate Nr. 5 F-Dur op. 24
(Frühlings-Sonate)

Graf Moritz von Fries gewidmet
Manuskript nur der ersten drei Sätze vorhanden, vierter
Satz verschollen
Komponiert 1800/01, zugleich mit der Klaviersonate op. 22
und der Klavier-Violin-Sonate op. 23
Erstausgabe Oktober 1801, erstmals erschienen als »Deux
Sonates ... Œuvre 23« zusammen mit op. 24:
»Deux Sonates / pour le Piano Forte / avec un Violon /
composées et dédiées / A Monsieur le Comte Maurice de
Fries / Chambellan de S.M. & R. / Par /
Louis van Beethoven / – Œuvre 23 /
à Vienne chez T. Mollo et Comp.«

Einführung

Diese Sonate erschien zusammen mit op. 23. Erst später wurden
die Opuszahlen getrennt.

Dieses Werk ist unter dem Titel »Frühlings-Sonate« bekannt, der
nicht – wie so viele Beispiele aus der Musikliteratur belegen – vom
Autor stammt. Für die Violinsonaten haben sich übrigens noch
andere derartige Bezeichnungen eingebürgert: So wird die
c-Moll-Sonate op. 30 Nr. 2 manchmal »Hahnenschrei-Sonate«
genannt, offenbar wegen des fast unmotivierten f im zweiten Satz,
Takt 58, in der Geige. Die G-Dur-Sonate op. 30 Nr. 3 wird oft
als »Champagner-Sonate« bezeichnet. Die »Kreutzer-Sonate«
op. 47 hat ihren Namen begreiflicherweise, weil sie dem Geiger
Rodolphe Kreutzer zugeeignet wurde, nachdem Beethoven die
ursprüngliche Widmung an George Bridgetower annulliert hatte –
wie er ähnlich mit der »Eroica« verfahren ist. Die vielen später von
fremder Hand hinzugefügten Titel mögen den Charakter jener
Werke – gerade für den weniger Informierten – recht gut beschreiben; ein weiterer Wert liegt darin, daß man gleich weiß, um

welches Werk es sich handelt. »Mondschein-Sonate«, »Appassio-
nata«, »Pastorale«, »Rasumowsky-Quartette« oder bei Haydn
»Sonnenaufgang-«, »Lerchen-« oder »Reiter-Quartett«, auch
bei Mozart »Jupiter-Symphonie«, »Preußen-« und »Dissonan-
zen-Quartett« (manchmal auch »Karolinen-Quartett« genannt),
selbst die bei Mendelssohn-Bartholdy und Schumann vorkommenden Bezeichnungen, zum Beispiel »Schottische«, »Italieni-
sche« oder »Rheinische« Symphonie, das sind alles später hinzugefügte Titel, die selten von den Komponisten selbst stammen. In
unserem Jahrhundert gibt es allerdings einige Komponisten, die
manchem ihrer Werke einen Titel beigaben, wie Strauss' »Sinfo-
nia domestica« oder Strawinskys »Psalmen-Symphonie«.

Leider ist vom Autograph der Frühlings-Sonate der letzte Satz
nicht auffindbar, aber wir müssen uns glücklich schätzen, wenigstens vom Großteil dieses reizvollen Werkes (die ersten drei Sätze) das Manuskript zu besitzen.

Da diese Sonate (oder Teile davon) von vielen Amateuren oder
nicht wirklich fortgeschrittenen Geigern gespielt wird, haben sich
verständlicherweise an manchen Stellen zu langsame Tempi eingebürgert. (Als ich in einer Rundfunkübertragung der BBC in
London diese Sonate einmal spielte, fragten mir befreundete El-
tern ihren zehnjährigen Sohn, der dieses Werk gerade lernte, wie
ihm denn meine Aufführung gefallen habe. Seine Antwort lautete:
»Na ja, ganz schön, aber *viel* zu schnell!«) Der zweite Satz wird oft
beträchtlich verschleppt und meistens auf Achtel statt auf Viertel
wiedergegeben. Das Scherzo hingegen verliert an Geist und Witz,
wenn es nicht recht schnell vorgetragen wird. Doch ver-
trägt der letzte Satz eine gewisse Gemächlichkeit, obwohl im »alla
breve« notiert.

Erster Satz: Allegro

Im ersten Satz empfehle ich dem Geiger, im Aufstrich anzufangen,
da hierdurch die natürliche Phrasierung dynamisch und klanglich
gewinnt. Es ist erstaunlich, wie wenige Geiger sich von der alten
violinistischen Unsitte befreien können, die den Abstrich stereo-
typ auf dem guten Taktteil und den Aufstrich auf jedem Auftakt

vorschreibt. Ich beginne beispielsweise die Introduktion im ersten Satz des A-Dur-Violinkonzertes von Mozart mit Aufstrich, jedoch den Auftakt des Hauptthemas im zweiten Satz mit Abstrich, was noch immer als bizarr angesehen wird, obwohl es doch jedem einleuchten sollte, daß das Forte mit dem darauffolgenden Diminuendo im zweiten und dritten Takt dem natürlichen Druck und den Gewichtsverhältnissen des Bogens entspricht:

So auch im ersten Thema der Frühlings-Sonate. Man vergleiche nur die Dynamik in der Reprise **Takte 134–141,** wo sogar einige sfz angegeben sind. Trotzdem sollte man beim ersten Mal die Dynamik keinesfalls an die in der Reprise angegebene angleichen. Aber die abfallende Phrasierung in den **Takten 4** und **6** ist im Abstrich wesentlich natürlicher. Viele Ausgaben gleichen **Takt 7** dem dritten und fünften an, was offensichtlich nicht beabsichtigt ist. **Takt 7** ist also im Strich geteilt. Der Pianist sollte sich im Thema **Takte 11–17** und in der Reprise **Takte 124–132** etwas Zurückhaltung auferlegen und den vielen und allzu geläufigen cresc. und dim. widerstehen; es ist viel schlichter und eindrucksvoller, diesen Teil ohne allzu romantisierende Schwülstigkeit vorzutragen. Die Begleitfigur der Geige in den **Takten 20–23** enthält eine von vielen Geigern übersehene reizvolle Baßlinie:

Desgleichen **Takte 144–147.**
Eine für mich ganz wesentliche Feststellung: Vergleicht man **Takte 28, 40–41, 44–45, 54–61, 90–97, 100–101, 104–105, 108–109, 152, 164–165, 168–169, 178–185,** wird deutlich, daß in diesem ersten Satz die meisten absteigenden Figuren in Vierteln, hingegen die aufsteigenden in Achteln notiert sind. Das bedeutet, daß man trotz der Punkte die Notenwerte von Vierteln und Achteln klar differenzieren muß, also die Viertel stets länger als die Achtel. Diese Notation wird von den meisten Interpreten

übersehen, und alles wird einfach stacc. – so kurz wie möglich – gespielt. **Takte 37** und **161** haben kein sfz mehr, demnach dürfen trotz ff die zwei vorhergehenden sfz nicht wiederholt werden, was leider häufig geschieht. In den **Takten 38 – 49** hüte sich der Geiger, die sfz als f aufzufassen; sie sind allesamt in eine p-Phrase eingebaut. Das gilt selbstverständlich auch für die Parallele **Takte 162 – 173.** Geiger spielen in den **Takten 38 – 39, 42 – 43** und den entsprechenden Parallelen, den **Takten 162 – 163, 166 – 167,** das sfz sehr oft auf den Vorschlag, was ganz bestimmt falsch ist. Der Vorschlag ist immer im p zu halten und das sfz *nur* auf der Hauptnote. Dieselben Anmerkungen gelten für Pianisten **(Takte 48, 50, 54 – 65, 90 – 97** und **172, 174, 178 – 189),** die jedoch in solchen Fällen oft gewissenhafter sind als Streicher. Es gibt manche älteren Ausgaben, die in **Takt 46** für den Geiger ein unberechtigtes f notieren. Obwohl in den **Takten 46 – 54** und **170 – 178** die Geige führt, steht mit Ausnahme der sfz die ganze Phrase im p. Hier hat das Klavier imitierende Funktion, aber ab den **Takten 62 – 70** sowie **186 – 194** verhält es sich umgekehrt: Das Klavier führt, und die Geige übernimmt die imitierende Rolle.

Die in den **Takten 51, 67, 175** und **191** notierten Rinforzandi werden nicht selten mißverstanden; es handelt sich hier nicht einfach um sfz auf einer Note, sondern der *ganze* Takt ist mit äußerster Intensität und anhaltender Tonstärke auszuführen. In den **Takten 77** und **201** muß die erste Note im Violinpart – anders als in den zwei vorangehenden Takten – über das Ende des vorherigen Taktes hinaus gehalten werden: keine Pause nach dem ersten Viertel.

In den **Takten 89, 213** und **215** steht für beide Instrumente ein Non-Legato, also nur leicht getrennt, aber nicht kurz. Der Übergang zur Reprise **Takte 121 – 123** bereitet manchen Leuten Schwierigkeiten im Ensemblespiel, daher kann die optische Hilfe eines unhörbaren Bogenwechsels des Geigers auf jedem Takt für den Pianisten nützlich sein. Es ist schon sehr peinlich, wenn der Geiger auf seinem A anlangt, während der Pianist Gis spielt! In **Takt 133** sollte der Geiger die vorherige Begleitungsphrase mit dem ersten Sechzehntel-A abschließen. Die auftaktige Skala beginnt erst mit dem zweiten Sechzehntel, daher wäre eine winzige

Verlängerung der ersten Note sinnvoll. Sehr viele Geiger enden diesen Lauf mit einem Diminuendo, was offensichtlich nicht dem Sinn und ebensowenig dem Willen des Komponisten entspricht. **Takt 134** ist also ein echtes »piano subito«.

In der Geigenstimme sind im Hauptthema **Takte 134–139** die am Anfang der Sonate fehlenden sfz zwar angegeben, jedoch nicht die cresc., die zum sfz führen, wie aus dem Klavierpart **Takte 137** und **139** ganz deutlich ersichtlich. Diese zu ersetzen ist kein Sakrileg. Der Geiger sollte der Gewohnheit, auch in **Takt 141** ein sfz anzubringen, widerstehen; die Stelle erhält dadurch einen besonderen Reiz.

Auf fast alle in der Reprise vorkommenden Schwierigkeiten ist bereits in der Exposition hingewiesen. Mit Beginn der Coda ab **Takt 210** seien die Spieler auf die Non-Legati der **Takte 213** und **215** nochmals hingewiesen. Darüber hinaus vernachlässige man nicht das cresc. in beiden Instrumenten, zweite Hälfte von **Takt 214** mit dem darauffolgenden p sub. Das in **Takt 216** beginnende cresc. sollte meines Erachtens durch die beiden sfz nicht unterbrochen werden, es führt bis zum p sub. **Takt 222.** Hierüber kann man allerdings verschiedener Ansicht sein. In **Takt 222** gestaltet das Klavier während zweier Takte mit dem ersten Achtel des nächsten Taktes die wesentliche Oberstimme, und ich rate dem Geiger, erst vom zweiten Achtel **Takt 224** an die Führung bewußt zu übernehmen. Das nach dem cresc. beabsichtigte Piano subito **Takt 228** darf nicht bereits als pp aufgefaßt werden, da noch ein decresc. zum notierten pp führt.

Ab **Takt 232** spielen sich die wesentlichen Dinge zwischen der linken Hand des Klaviers und der Geige ab, die Begleitfiguren der rechten Hand müssen daher diskret sein. Die **Takte 232–235** von beiden Partnern zart und dolce, damit das cresc. **Takt 236** mit dem darauffolgenden sfz seine dramatische Wirkung nicht verfehlt. Die von Beethoven angegebene Dynamik von **Takt 237** bis zum Schluß sollte sehr genau befolgt werden. Bei manchen Geigern klingt die Triolenbegleitung leider so:

also ein verzerrter Rhythmus.

Zweiter Satz: Adagio molto espressivo

Hier kommt es darauf an, in der Tempobezeichnung das nicht vorhandene Komma richtig zu setzen. Heißt es nun »Adagio molto, espressivo« oder »Adagio, molto espressivo«? Die Auslegung hat auf das Tempo dieses Satzes einen gewissen Einfluß. Rein musikalisch gesehen, finde ich die zweite Auslegung überzeugender, und ich ziehe daher langsame Viertel einem Achtelrhythmus vor.

Die Zweiunddreißigstel **Takt 2** des Klaviers und ähnlich **Takt 10** der Geige werden oft zu schnell und unrhythmisch gespielt. **Takt 4** des Klaviers und **Takt 12** der Geige stellen uns wieder vor die Frage: Nachschlag nach dem Triller oder nicht? Ich glaube, hier gut ohne Nachschlag auszukommen, vor allem, weil im übrigen die Ornamentik in diesem Satz ziemlich genau ausgeschrieben ist, siehe **Takte 6–8, 14–16, 32, 34–35** und **48.** In den **Takten 6–7** und **14–15** wird oft dynamisch »gesündigt«, indem in der Vierundsechzigstelpassage ein Diminuendo ausgeführt wird und man sich so um die beabsichtigte Wirkung des p sub. bringt.

Ich verweise auf die unterschiedliche dynamische Bezeichnung im Klavier, **Takt 18** nur ein Akzent, jedoch **Takt 19** ein sf; zwei Takte später in der Geigenstimme **Takt 20** ebenfalls nur ein Akzent, **Takt 21** ein sf. Das sf sollte in beiden Fällen dramatischer sein als der Akzent, das heißt die mit > versehene Note. Oft übersieht der Pianist die Phrasierung **Takt 21:** Die letzten vier Sechzehntel sind in zwei Gruppen von je zwei Noten zu spielen, also mit leichten Verkürzungen der zweiten und vierten Note. Das gilt auch für die Violine in den letzten vier Sechzehnteln **Takt 23.**

Es ist für den Geiger ratsam, das Arpeggio des Klaviers **Takt 23** ruhig abzuwarten und den Einsatz auf dem zweiten Achtel etwas verspätet zu bringen.

Takte 25–26 sollten in der Geige genauso gestaltet werden wie im Klavier, die sf sind in diesem Falle einem fp gleichzusetzen, was auch dynamisch sinnvoll aus **Takt 27** im Klavier ersichtlich wird. Die lange Note F in **Takt 28** der Geige könnte eine gleichzeitige Intensivierung des Vibratos zum vorgeschriebenen cresc. gut vertragen. Die beiden Sechzehntel der Geige in den **Takten 30–31**

sollten trotz der Punkte nicht zu kurz sein, um den gesanglichen Charakter eines langsamen Satzes nicht zu verwischen.

Das Hauptthema der Violine, ab **Takt 38** in Moll, könnte nach meinem Geschmack etwas verschleierter klingen als beim ersten Mal in **Takt 10.** Deshalb empfehle ich hier **(Takt 38)** für das Thema die D-Saite, um dadurch einen deutlichen Gegensatz zur heiteren Stimmung des Anfangs zu schaffen. Auch in **Takt 40** entbehre ich in der Geige keinen Nachschlag nach dem Triller. Eine – sonst kaum durchführbare – untemperierte Intonation des Geigers scheint im Zusammenspiel mit dem Klavier in den **Takten 44 – 46** durchaus möglich, das heißt ziemlich tief in den ersten beiden Takten und dann ein leittonartiges Cis in **Takt 46,** also hoch, mit zunehmender Intensität des Vibratos, das sich im p sub. **Takt 48** beruhigt. Jedes D der Geige in **Takt 50** sollte um einen Grad lauter und intensiver sein als das vorhergehende.

In **Takt 54** darf man das erste Sechzehntel nicht als Anfang einer neuen Phrase ansehen, denn dieses B schließt die vorhergehende Thematik ab. Die Verteilung des cresc. bei beiden Instrumenten ab **Takt 54** bis zum p sub. **Takt 58** ist vorsichtig zu behandeln, also nicht zu schnell oder zu langsam entwickeln, sondern durchaus bis zu einer Art f am Schluß des **Taktes 57.**

Die drei p sub. in den **Takten 66, 68** und **70** sind durchaus ernst zu nehmen. Dem Geiger empfehle ich in **Takt 70,** das erste Viertel als Abschluß der vorherigen Phrase zu betrachten, so daß der codaartige Abschnitt eigentlich mit dem zweiten Viertel beginnt. Die Zweiunddreißigstel **Takte 70–72** sollten in beiden Instrumenten von äußerster Ruhe getragen sein; ein winziges Calando im vorletzten Takt scheint natürlich.

Dritter Satz: Scherzo. Allegro molto

Dieser Satz ist von scherzhaftem, derbem Witz; ein nicht sachverständiges Publikum glaubt einfach an ein unrhythmisches Zusammenspiel. Den gleichen Eindruck können manchmal Kanons hervorrufen, obwohl es in solchen Fällen offensichtlicher ist als in dem vorliegenden Satz. Im zweiten Teil, **Takt 18,** hüte sich der

Geiger, ein cresc. oder gar ein f zu spielen. In diesem Takt könnte im p ein Springbogen angewendet werden, hingegen **Takt 20** im cresc. am besten Détache. Die Viertel in den **Takten 26–27** müssen von beiden Instrumenten deutlich länger ausgehalten werden als die vorhergehenden Achtel, was viel zu oft vernachlässigt wird. Es ist eine Frage des Geschmacks, ob man ohne Tempoverzögerung ins Trio übergeht oder eine kurze Zäsur dazwischenschaltet. Ich persönlich mache eine Pause von ungefähr der Länge eines ganzen Taktes zwischen Scherzo und Trio. Das Trio könnte der Geiger »sautillé« beginnen und im cresc. mehr und mehr »à la corde«, was auch auf die **Takte 40–42** zutrifft. Das »da capo« schließe ich direkt, ohne Unterbrechung, an.

Vierter Satz: Rondo. Allegro ma non troppo

Das Manuskript dieses Satzes ist – wie bereits vermerkt – leider verschollen. Obwohl im »alla breve« notiert, steht bei der Tempobezeichnung gleichzeitig »ma non troppo«, deshalb rate ich zu einem gemächlichen Tempo, das den eigentlich graziösen Charakter durchaus nicht zu stören braucht.

Im Rondo-Thema versäumen besonders die Pianisten die Phrasierungsgruppen im ersten, dritten und siebenten Takt genügend zu verdeutlichen. Eigentlich sollte es (in übertriebener Weise) so klingen:

Die Geiger laufen weniger Gefahr, hier nicht richtig zu phrasieren, vorausgesetzt, der Bogenstrich wird entsprechend der Fassung Beethovens ausgeführt. Hingegen werden in den **Takten 15** und **17** oft die sfz von Violinisten unterbewertet und allzu blaß gespielt. Zur Verkürzung der Viertel vor dem tr mit einem Nachschlag, **Takte 20–21** und **143–144** in der Geige, empfehle ich für diese Viertel Aufstrich und Bogenhebung. Bei den sfz im Geigenpart **Takte**

28–29 und **151–152** besteht oft die unerwünschte Tendenz, auch das vorhergehende Sechzehntel mit einem Akzent zu versehen. Man beachte die Verteilung der Ober- und Unterstimme zwischen beiden Instrumenten in den **Takten 38–49,** desgleichen in den **Takten 161–182.** Die Geige führt vom dritten Viertel in **Takt 38** bis zum dritten Viertel des **Taktes 40,** hier übernimmt das Klavier die Führung. Ab der zweiten Hälfte von **Takt 42** gehört die Oberstimme wieder der Geige und geht ab dem dritten Viertel von **Takt 44** auf das Klavier über. Die Achtelfiguren in der linken Hand des Klaviers **(Takte 40–47)** sollten – obwohl nicht speziell angegeben – kurz gespielt werden (man vergleiche die Punkte bei ähnlichen Stellen in den **Takten 167–180**). Ich empfehle beiden Instrumentalisten, das so wesentliche cresc. mit dem darauffolgenden p sub. in den **Takten 54–56** und **187–189** liebevoll zu behandeln.

Die Einwürfe in den **Takten 57** und **59** in der Geigenstimme sind keinesfalls als scharf akzentuierte sfz aufzufassen, sie sind lediglich eine oktavierte Verstärkung der Klavierstimme, die eine weiche, durch Vibrato intensivierte Betonung verlangen. Faszinierend und durchaus überzeugend ist die sehr genau bezeichnete Dynamik des Seitenthemas **Takte 73–105,** die leider häufig ignoriert wird. In **Takt 99** fehlt im Geigenpart der Hinweis rinf., in der Klavierstimme ist er aber an dieser Stelle sowie in der vorhergehenden Parallelstelle **Takt 91** deutlich angegeben. Sicher muß hier das Fehlende ergänzt werden. Außerdem ist in beiden Fällen nach dem rinf. mit einem leichten dim. zum p zurückzukehren, um das darauffolgende cresc. nicht vorwegzunehmen.

Die Frage der Dynamik in der Begleitfigur dieses rinf. läßt sich nicht eindeutig beantworten. **Takt 91** bleibt die Geige im p, in **Takt 99** ist jedoch unklar, ob das Klavier das rinf. in beiden Händen auszuführen hat. Ich bin der Ansicht, die Begleitfigur der rechten Hand weiter im p zu lassen und somit eine ähnliche Situation zu schaffen wie **Takt 91.**

Was Beethoven bewogen hat, die Phrasierungen der fast identisch wiederholten Begleitfigur **Takte 73–104** in beiden Stimmen ganz verschieden zu gestalten, ist mir unbegreiflich. Wahrscheinlich liegen hier Irrtümer vor, da die Urschrift dieses letzten Satzes verschollen ist und auf Erstausgaben nicht immer Verlaß ist. Ich mache auch auf folgende Abweichungen aufmerksam: Die zweite Hälfte von **Takt 85** ist in der rechten Hand der Klavierstimme eine Oktave höher notiert als im Geigenpart **Takt 77,** was als Variante noch annehmbar ist; warum allerdings **Takt 80** der Geige und **Takt 88** des Klaviers nicht übereinstimmen, ist etwas unverständlich.

Takt 80 Violinpart:

Takt 88 Klavierpart:

Das ausgeschriebene Accelerando in der Klavierstimme **Takte 109–111** bereitet vielen Geigern etwas Kopfzerbrechen, denn bei Unklarheiten rhythmischer Art oder durch falsche Pedalisierung wird der Geigeneinsatz **Takt 112** einem unnötigen Risiko ausgesetzt. Des Pianisten strikte Einhaltung der notierten rhythmischen Unterteilung entspricht, abgesehen von der genauen Befolgung der Dynamik (zwei Takte cresc. mit einem p sub. in **Takt 112),** nicht nur dem eigentlichen Text, sondern garantiert auch ein einwandfreies Zusammenspiel an dieser Stelle.

Die Phrasierung in der Geigenstimme **Takte 117–121** wird meistens schwer vernachlässigt. Ohne Kenntnis der Klavierthematik phrasieren die meisten Geiger die Einsätze in diesen Takten zweitaktig. Betrachtet man aber den Klavierpart, dann sieht die Sache völlig anders aus:

Die Geigenstimme sollte sich also der auftaktigen Phrasierung der Klavierthematik angleichen.

Wie üblich *sieht* man den Geiger in den pizz.-Stellen **Takte 124–131** und **193–196** mehr, als man ihn hört. Alle Pizzikati werden im allgemeinen zu leise ausgeführt, und es ist oft grotesk, die Streicher zu beobachten, wie sie mimisch ihre musikalische

Absicht klarzumachen versuchen, akustisch jedoch nichts herauskommt.

Auf der zweiten Note von **Takt 206** fehlt in der Violin- wie in der Klavierstimme ein Forte, denn in **Takt 212** tritt auf dem dritten Viertel ein p ein, das vom Geiger auf dem sechsten Achtel auch beachtet werden sollte.

Das gleiche finden wir in den **Takten 215–221:** Klavier ab zweiter Note von **Takt 215** f und Geige in diesem Takt f. Ab der zweiten Hälfte von **Takt 221** beide Instrumente p.

In der Coda ab **Takt 224** verweise ich für beide Instrumentalisten auf die notierte Dynamik. Für **Takt 227** im Klavier und **Takte 231** und **235** in der Geige empfehle ich nach dem Triller einen Nachschlag, nicht aber für **Takt 234.** Von **Takt 236** bis zum Schluß ist die Phrasierung der Staccato-Noten und Bindungen deutlich hervorzubringen, aber man verfahre in der Dynamik so, daß die letzten beiden Takte noch eine deutliche Verstärkung, nämlich ein ff gegenüber dem vorherigen f, erfahren.

Sonate Nr. 6 A-Dur op. 30 Nr. 1

Kaiser Alexander I. von Rußland gewidmet
Manuskript: Öffentl. Wiss. Bibliothek, Berlin
Komponiert 1802
Erstausgabe 1803:
»Trois Sonates / pour le Pianoforte / avec l'Accompagnement
d'un Violon, / composées et dediées / à Sa Majesté /
Alexandre I, / Empereur de toutes les Russies / par / Louis
van Beethoven / Œuvre XXX. / Leipzig, en Commission
chéz Hoffmeister et Kühnel. Bureau de Musique«

TROIS SONATES

pour le Pianoforte

avec l'Accompagnement d'un Violon,

—— composées et dediées ——

à Sa Majesté

ALEXANDRE I,

Empereur de toutes les Russies

par

LOUIS van BEETHOVEN.

Oeuvre XXX.

N° 1.

A Vienne, au Bureau d'Arts e d'Industrie, Rue Mölkmarkt No 269, et a Londres chéz Dale.

Leipzig, en Commission chéz Hoffmeister et Kühnel . /Bureau de Musique/

[1803]

Einführung

Die sechste Sonate in A-Dur (übrigens sind drei Sonaten dieser Gattung in A-Dur) ist ein Werk, das ich ganz besonders liebe. Auch sie ist leider selten zu hören. Vielleicht gründet diese große Zuneigung unter anderem auf der Tatsache, daß sich diese Violinsonate nicht allgemeiner Beliebtheit erfreut und ich deren Vernachlässigung als ein großes Unrecht betrachte. Einem von seiner Familie wenig geschätzten, stiefmütterlich behandelten Kind wird oft schon aus diesem Grund größere Sympathie zuteil.

Ganz besonders ernst, tiefgründig und meisterlich empfinde ich die ersten beiden Sätze.

Der zweite Satz, das »Adagio molto espressivo«, gehört für mich zu den schönsten und rührendsten Dingen, die jemals in Musik ausgedrückt worden sind.

Der letzte Satz – obwohl auch prachtvoll – erreicht meines Erachtens nicht ganz die Höhe der anderen beiden. Ursprünglich war der letzte Satz für die Kreutzer-Sonate op. 47 gedacht, wurde aber zu Recht von Beethoven später ausgetauscht. Nicht nur paßt der jetzige dritte Satz der Kreutzer-Sonate besser zum ganzen Werk, ein zusätzlicher Variationensatz wie der in op. 30 Nr. 1 würde sich nach dem zweiten der Kreutzer-Sonate – gleichfalls ein Variationensatz – auch schlecht eignen.

Der Tausch ließ sich um so leichter durchführen, da beide Sätze in A-Dur sind.

Erster Satz: Allegro

Eigentlich erübrigt es sich zu erwähnen, daß das Klavier in den ersten acht Takten führend ist. Ich tue es trotzdem, weil Geiger dazu neigen, ihrer »obligaten« Stimme eine zu große Bedeutung beizumessen. Hier muß sich der Geiger mit der zweiten Stimme begnügen, er kommt dann ohnehin zu seinem Recht, da er in den **Takten 10–19** die Oberstimme spielt. In den **Takten 17** und **166** sollte meines Erachtens in beiden Instrumenten dem Triller ein Nachschlag folgen. In der ganzen Sonate, aber besonders im ersten

Satz müßten fast alle Triller mit einem Nachschlag versehen werden. Beethoven schrieb diese Ornamente gelegentlich selbst; sie sind jedoch nicht konsequent angegeben. Die scharfen dynamischen Kontraste, die Beethoven oft geradezu übermäßig genau bezeichnet hat, spielen auch in diesem Werk eine wesentliche Rolle.

Man hüte sich, Diminuendi zum p beziehungsweise Crescendi zum f anzubringen, wo solche nicht ausdrücklich gefordert werden. Die sfz im Klavier **Takte 28–31** und **177–179** sind trotz des f der ganzen Phrase scharf zu akzentuieren; zu oft ist kaum ein Unterschied zu den anderen Vierteln herauszuhören. Die dynamische Bezeichnung in der Geigenstimme **Takte 31** und **180** ist utopisch, denn im Klavier steht noch ein sfz, und das ursprüngliche f geht unvermindert weiter. In diesem Falle müßte die Geige nicht p, sondern ein noch kräftiges mf spielen, sonst ist sie unhörbar. Schließlich stellt hier der Geigenpart eine Ergänzung zur linken Hand des Klaviers dar und ist dynamisch entsprechend abzustim-

men. Eine andere Auslegung wäre, daß die Linke hier schon ein
dim. brächte, wobei die Geige genauso verfahren könnte, also

entweder   oder

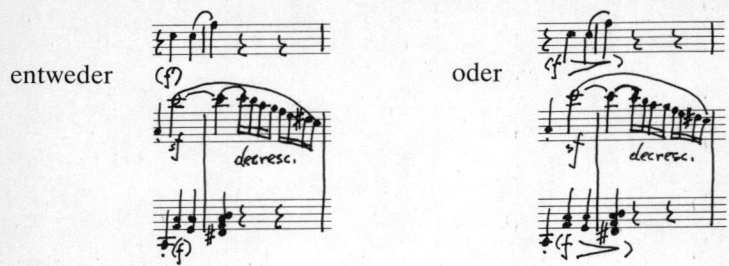

Interessant und vom Pianisten unbedingt zu befolgen sind die über
oder unter den Vierteln notierten Punkte, aber nur bis einschließlich der ersten Note **Takt 31** (auch **180**). Die folgenden Akkorde
der linken Hand (zweites und drittes Viertel in **Takt 31** resp. **180**)
sollen weicher und länger klingen, wofür auch die Legato-Be-
zeichnung der Geige ein Hinweis ist. Dem genau bezeichneten
letzten Viertel der **Takte 33** und **186** gehört mein ganzes Entzük-
ken; zu meinem Leidwesen spielen allzu viele Pianisten hier ungenau: rechts also wirklich kurz, links lang und zum nächsten Takt
weich gebunden. In der Durchführung wird dieser geniale Einfall
variiert, indem in **Takt 94** die Reibung Gis und G stellvertretend
die gleiche Funktion übernimmt. Wie bereits erwähnt, sind Nachschläge nach den Trillern **Takte 35–36** im Klavier und **Takte
43–44** in der Geige unerläßlich, denn in den **Takten 96–97, 188**
und **196** sind sie von Beethoven selbst angegeben. Hier haben wir
nun wieder ein klassisches Beispiel dafür, wie unsinnig die blinde
Befolgung eines Urtextes sein kann. Als Geiger würde ich mich
nicht scheuen, in den **Takten 48** und **201** ein der sich Klavierstimme angleichendes cresc. zu spielen, obwohl nicht ausdrücklich
notiert. Es erscheint unlogisch, daß die Begleitfigur des Klaviers
die führende Geigenstimme übertönen soll. Nun zu einer interes-
santen Abwechslung in der Dynamik Beethovens in einer fast analogen Stelle: Man beachte das decresc. in den **Takten 60** und **64** in
der Exposition wie auch in den **Takten 213** und **217** in der Reprise,
das in der Durchführung **Takte 131** und **135** fehlt. Ich halte diese
Abweichung für beabsichtigt.

In den **Takten 69** wie auch **222** sollte der aufbauende dreistimmige Akkord anschaulich dargeboten werden:

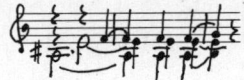

Ich würde trotz des pp jede neue Stimme leicht akzentuieren. Der gleiche Gedanke ist in den **Takten 142–148** zu finden.
Die Figur

in den **Takten 70–72** und **76–78** wie auch

in den **Takten 223–225** und **229–231** kommt jedesmal in dreifacher Wiederholung.

Es wäre ziemlich phantasielos, diese Figur dreimal genau in der gleichen Weise auszuführen, und ich schlage für das dritte Mal, sozusagen als endgültige Fassung oder Bestätigung, eine leichte Beruhigung oder Dehnung, die ja diesmal weiterführt, vor. Die im Geigenpart notierte Bindung **Takte 79** und **232** scheint mir logischer und überzeugender als die Phrasierung der gleichen Stelle im Klavierpart **Takte 73** und **226**:

Violine: 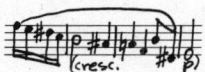   Klavier: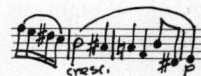

Übrigens vergleiche man **Takte 79–81** mit **Takten 232–234** im Violinpart. Die Dynamik ist im ersten Fall selbstverständlich an die entsprechenden Takte der Reprise anzugleichen, also auch ein p im Violinpart auf dem ersten Viertel des **Taktes 228**. In **Takt 102** scheint mir ein p in der Klavierstimme zu fehlen. Die beiden separaten cresc. **Takte 101** und **104** hätten nicht viel Sinn, wenn die Phrase nicht, ähnlich wie **Takt 106,** im p beginnen würde. Beide Instrumentalisten sollten den Unterschied zwischen p und pp in den **Takten 136** und **138** unbedingt beachten. Das sfz im Klavier **Takt 236** und in der Violine **Takt 240** in der Coda unterbricht das vorherrschende p nicht. In den **Takten 242–246** muß eine völlige Übereinstimmung des dynamischen Verlaufs beider Instrumente angestrebt werden, während in den letzten zwei Takten die Geige offensichtlich mit der im ganzen Allegro so wesentlichen Figur den Satz zu einem vollendeten Abschluß bringt.

Zweiter Satz: Adagio molto espressivo

Dieses Adagio gehört für mich zu den schönsten und bedeutendsten Werken, die je in dieser Art für Violine und Klavier geschrieben wurden. Es ist ein tiefernstes, erschütterndes menschliches Bekenntnis, dessen Ende in seiner Entrückung dem späten Beethoven gleichkommt. Eine vollendete Interpretation ist nur schwer erreichbar, denn sie hat eine große, zu oft unterschätzte innere Reife und Ruhe, ja Abgeklärtheit der Ausführenden zur Voraussetzung. Rhythmisch gibt es hier heikle Aufgaben, so die absolute Präzision der Zweiunddreißigstel in Thema und Begleitung. Die letzten beiden Achtel im Thema der **Takte 2** und **4** wie auch **10** und **12** sind mit Punkten, jedoch auch mit einer Bindung versehen. Pianisten ist das ein Hinweis auf ein Non-Legato, der Geiger sollte diese Bezeichnung als solche verstehen und diese Noten zwar getrennt, aber lang ausführen. In **Takt 8** übernimmt das Klavier bereits mit dem Auftakt die Führung, und hier empfehle ich dem Geiger einen Fingersatz, der die Struktur und Dynamik des Geschehens verdeutlicht:

Der Auftakt der Geige **Takt 16** darf nicht allzusehr im p beginnen, denn das Klavier hat vor dem p sub. ein cresc., das den Auftakt der Geige leicht übertönen könnte.

Pianisten haben oft die Tendenz, in den **Takten 23–25** und **50** zu eilen, ja sogar unrhythmisch zu spielen. Ob die vielen Zweiunddreißigstel- und Vierundsechzigstel-Balken einen hypnotischen Einfluß haben?

Die Fermate in **Takt 26** des Klaviers sollte nicht übermäßig gedehnt werden, was neben dem musikalischen Grund der Proportion auch einen praktischen hat, denn der Geiger darf sein langes Fis weder verkürzen noch den Bogen wechseln.

Im Klavier fehlen die Piano-Bezeichnungen auf den ersten Vierteln der **Takte 44–46** und **48–49;** sie müssen selbstverständlich ergänzt werden.

In **Takt 47** empfehle ich dem Geiger ein weiches Martelé, eine Strichart, die in unserer Zeit außer Mode ist und bedauerlicherweise viel zu selten Anwendung findet. Der übliche Ersatz im Spiccato hat nicht die gleiche Qualität, ist aber etwas leichter in der Ausführung. Die dramatische Steigerung in den **Takten 52–53** der Geige kann man durch eine allmähliche Intensivierung des Vibratos, die in kurzem Zeitraum ein steiles cresc. verlangt, überzeugend unterstützen, das heißt in **Takt 52** fast vibratolos anfangen.

Leider war Beethoven nicht so genau wie Mozart im Hinweis für die Dauer eines Vorschlags. Mozart bezeichnete fast immer die beabsichtigte Länge solcher Vorschläge ganz präzise als ♩ = ♪ = ♪ und sogar als ♪ Im vorliegenden Fall würde ich die Vorschläge im Klavier **Takte 57** und **59** unbedingt kurz auffassen. Wie ungenau diese Notenwertangaben sind, läßt sich beispielsweise daraus ersehen, daß in alten Ausgaben, aber auch im Erstdruck der Vorschlag in **Takt 58** als Sechzehntel notiert ist, im Manuskript und in anderen Ausgaben dagegen als Zweiunddreißigstel!

Takt 63 gibt häufig Anlaß zu Meinungsverschiedenheiten zwischen den Partnern, und das Resultat im Zusammenspiel kann daher gelegentlich recht kläglich ausfallen. Mein Vorschlag:

Die zweite Hälfte von **Takt 69** ist recht kompliziert, da linke und rechte Hand im Klavier – wie auch im Geigenpart – rhythmisch unterschiedlich angegeben sind. Von vielen Interpreten wird die

...te Befolgung dieser Notierung als Haarspalterei angesehen; ... selbst finde es reizvoll, der rhythmischen Schreibweise voll Rechnung zu tragen und nicht barockmäßige Angleichungen zu schaffen.

Die in **Takt 79** beginnende und sich in **Takt 91** wiederholende unsagbare Zartheit verlangt – die von altchinesischer Weisheit so oft geforderte – Entsagung. Der große Pianist Artur Schnabel zollte mir nach einem meiner Konzerte das besondere Kompliment: »Ich danke Ihnen nicht nur für das, was Sie getan haben, sondern noch mehr für das, was Sie unterlassen haben.«

In **Takt 90** schlage ich dem Pianisten vor, den Mordent folgendermaßen auszuführen:

Auch in **Takt 94** ist eine klare rhythmische Aufteilung zwischen Geige und Klavier notwendig.

Für viele Geiger scheinen die Bindebogen vom letzten Achtel der **Takte 97–98** zu den darauffolgenden Takten problematisch: Sie machen oft fälschlicherweise zwischen den beiden A eine Trennung. Die Schreibweise würde nicht so leicht mißverstanden, wenn der Punkt (wie in meiner Fassung) außerhalb des Bindebogens stünde. In diesem Falle ist also der Punkt unter dem zweiten Achtel A nur als Verkürzung des Notenwertes zu betrachten:

Ob der Pianist das Pedal in den letzten eineinhalb Takten durchhält oder gemäß der Achtelpause in der linken Hand unterbricht, bleibt Geschmackssache.

Dritter Satz: Allegretto con Variazioni

Dieser Satz war – wie bereits in der Einführung erwähnt – ursprünglich der letzte Satz der Kreutzer-Sonate op. 47. Der Austausch dieser beiden letzten Sätze war eine weise Entscheidung, denn nicht nur paßt die neue Zuordnung besser zum Charakter der

Musik, sondern zwei aufeinanderfolgende Variationensätze (was in der ursprünglichen Fassung der Fall gewesen wäre) bleiben doch etwas zweifelhaft.

Trotz meisterhafter Beherrschung der Variationstechnik (man denke an so manche geradezu banale Themen, die von Beethoven auf unglaubliche, ja phantastische Weise entwickelt wurden) kann dieser Satz nicht zu seinen besten Werken zählen. Besonders bedauernswert ist diese Tatsache schon deswegen, weil er unmittelbar auf den Höhenflug des vorhergehenden folgt. Das leichte Abfallen letzter Sätze finden wir ja bei vielen Komponisten, zum Beispiel gelegentlich bei Brahms, und es ist jedesmal ein Glück, wenn dieses Phänomen nicht auftritt. Für mich sind jedenfalls die Variationen dieses Satzes von größerer Bedeutung als das zwar nette, aber nicht geniale Thema.

Im ersten Teil des Themas läßt sich jeweils nach vier Takten eine merkliche Änderung im Charakter feststellen. Die **Takte 1–4** und **9–12** sind lyrisch und graziös, die darauffolgenden jedoch gleichen mehr einem bäuerlichen, etwas derben Tanz. In der letzten Variation macht sich der gleiche Charakterzug bemerkbar.

Es scheint mir wünschenswert, den drei sfz **Takte 6–7** und **14–15** nicht noch ein viertes sfz im nächsten Takt hinzuzufügen, was nicht selten geschieht.

Die Vorschläge im zweiten Teil des Themas sind in den einzelnen Ausgaben rhythmisch unterschiedlich notiert. In den **Takten 19** und **27** ist in der Henle-Ausgabe wie im Manuskript der erste Vorschlag als Achtel, der zweite jedoch als Sechzehntel notiert. In der älteren Joachim-Ausgabe sind alle hier besprochenen Vorschläge kurz. Im Erstdruck ist der erste Vorschlag in der Geigenstimme **Takt 19** ebenfalls ein Achtel und der zweite ein Sechzehntel wie bei Henle, im Gegensatz hierzu sind im Klavier **Takt 27** in der Erstausgabe beide Vorschläge als Sechzehntel gedruckt. Ich glaube daher, wir sollten die Bedeutung dieser Divergenzen nicht allzu ernst nehmen. Musikalisch und instinktiv neige ich dazu, beide Vorschläge, in der Geige wie im Klavier, kurz auszuführen.

Ein weiteres Problem ist die in **Takt 30** im Klavier hinzugefügte

Ornamentik, die in der Parallelstelle im Geigenpart **Takt 22** fehlt.
Hier vermute ich die Absicht des Komponisten, diesen Takt verschieden zu gestalten. In **Takt 30** ist der Nachschlag im Klavierpart
deutlich als Dis bezeichnet, deshalb das Auflösungszeichen zum D
im selben Takt. All das fehlt in der Geigenstimme **Takt 22**. Trotzdem ist im Violinpart eine Angleichung denkbar.

Nun noch zur Dynamik des Themaabschlusses: In den Variationen I, II, IV und V ist am Schluß jedesmal ein p angegeben. Da
ein Forte-Abschluß im Thema mich nicht überzeugt, kehre ich
nach dem sfz **Takt 22** und **30** zum p zurück, obwohl eine diesbezügliche Bezeichnung fehlt.

Variation I

Für den Geiger gibt es hier einige Schwierigkeiten zu überwinden.
Zuerst sei festgehalten: Charakterlich ist diese Variation virtuos,
elegant und graziös. Der Pianist spielt überall kurze Staccato-
Noten, so daß es etwas schwerfällig wirkte, wenn der Geiger ein
langes Détaché anwenden würde. Alle Noten mit Punkten sollten
deshalb springend ausgeführt werden mit Ausnahme derjenigen,
die über oder unter der letzten Note einer Bindung angegeben
sind. In meiner Notation sähe es so aus:

Takt 36:

Takt 41:

Viele Pianisten spielen bei nicht genauer Überprüfung die letzte
Baßnote auf dem dritten Viertel, was zwar in Anbetracht der letz-
ten Takte der Variationen II, III und IV verständlich ist, aber in
Variation I eben nicht zutrifft.

Variation II

Im zweiten Teil sollten die Legato-Noten der linken Hand im Klavier nicht nur als begleitende Baßnoten dienen, sondern als aus-

drucksvolle, einem Cello vergleichbare Gegenstimme. Bei der
»prima volta« des zweiten Teils sind (obwohl nicht wie im ersten
Teil separat notiert) die letzten drei Noten der Geige ebenfalls als
Auftakt zu phrasieren, das heißt, auch hier kann man wie vorher
den Bogen teilen:

Variation III

Leider fehlen hier Hinweise bezüglich der Dynamik, mit Ausnahme der sfz, des cresc. **Takt 69** und des p **Takt 75.**
Der Charakter dieser Variation ist meines Erachtens eher ener-
gisch, das bedingt schon ihre Stellung zwischen zwei zarten Variationen. Hier kann man allerdings verschiedener Meinung sein.
Meiner Auffassung (allerdings nur ergänzend und subjektiv) ent-
spräche etwa folgende Dynamik: **Takt 65** beide Stimmen f,
Takt 68 beide dim., dann das vorgeschriebene cresc. bis zum sfz
weitergeführt. Die Auftakte **Takt 72** mit einem cresc. zum f. Das
p sub. **Takt 75** gilt auch für die Geige. Im nächsten Takt wiederum
für beide Instrumente ein cresc. zum f, das im Klavier auf dem
vierten Viertel **Takt 76** eintritt und in der Geige erst auf dem zweiten Viertel **Takt 77.** In der »prima volta« des zweiten Teils ebenfalls für beide Instrumente ein cresc. im Auftakt. Nun noch die
Frage der Triller: mit oder ohne Nachschläge? Ich plädiere für
Nachschläge in den **Takten 67** Klavier, **Takt 71** beide Instrumente
und **75** und **79** wieder Klavier, das letzte Mal vielleicht etwas ab-
weichend:

Variation IV

Die für die Violine notierten p in den Akkorden stellen den Geiger vor gewisse Probleme. Entweder klingen sie zu laut, also nicht
wirklich p, oder so gebrochen, daß sie sich rhythmisch allzusehr
von den Klavierakkorden unterscheiden. Ich spiele diese Piano-

Akkorde als ganz schnelle Arpeggien an der Spitze des Bogens. Nicht etwa erst zwei Saiten und wieder zwei Saiten, sondern immer nur Einzelsaiten, aber schnell, um möglichst den Eindruck einer Gleichzeitigkeit aller Noten des Akkords zu erzielen, im cresc. entsprechend mehr Bogenausgabe.

Takt 86 ist in vielen Ausgaben falsch angegeben, denn im Manuskript und in der Erstausgabe wird ausdrücklich nach dem ff sofort ein p verlangt: also ffp und nicht ff (➤) mit einem p im nächsten Takt. Zweifeln unterliegt auch **Takt 95,** da in fast allen Ausgaben und auch im Manuskript das p am Anfang des Taktes steht, jedoch im Erstdruck erst auf dem zweiten Viertel. Beide Fassungen sind denkbar.

Variation V

Die zauberhafte Gegenstimme der Violine verführt so manchen Interpreten dazu, das eigentliche Thema im Klavier (diesmal in Moll mit gelegentlichen Fugato-Einsätzen) als nebensächlich zu betrachten. Ich glaube, Thema und Gegenstimme sind hier gleichwertig, daher hier keine Teilung in eine führende und eine obligate Stimme. Was die rhythmischen Werte der Vorschläge in den **Takten 115** und **123** betrifft, gliche ich sie der Ausführung im Thema an.

Es bleibt jedem überlassen, seine eigenen Schlüsse daraus zu ziehen. Für mich ist es wesentlich, auf diese Widersprüche hinzuweisen und gleichzeitig meine eigene Auffassung darzutun. Die unterschiedliche Dynamik der **Takte 103–105** zu den **Takten 111–113** ist sehr sinnvoll und darf keinesfalls angeglichen werden. Zur Information des Pianisten möchte ich auf die unterschiedliche Bezeichnung der **Takte 129–130** in Ausgaben und Erstdruck verweisen: In den einzelnen Ausgaben heißt es:

In der Erstausgabe:

was aber das gleiche bedeutet.

Das Manuskript entspricht der Erstausgabe mit Ausnahme des **Taktes 129.** Dort ist der Akkord der linken Hand als ganze Note und nicht wie in der Erstausgabe als halbe notiert.

Alle Punkte unter oder über den Achteln **Takte 130–151** sind wieder als Verkürzung zu verstehen und ständen in meiner Schreibweise außerhalb des Bindebogens

In **Takt 138** ist der Vorschlag der Geige – im Gegensatz zum vorhergehenden Rhythmus – vor dem Taktschlag auszuführen, und das erste Viertel des Klaviers kommt erst auf die Hauptnote D der Geige.

Variation VI Allegro, ma non tanto

Wie bereits im Thema-Abschnitt erwähnt, ist auch hier die Spaltung des Charakters nach den ersten vier Takten deutlich, daher anfänglich das »dolce« und ab dem fünften Takt das cresc. plus der angezeigten Staccato-Noten.

Die Triller in den **Takten 154, 158, 162** und **166** würde ich als Mordent ausführen:

Interessant ist, daß die zweite Note des vierten Taktes vom Thema im Klavier als Achtel, und in der Geige als Viertel notiert ist. Allerdings hat diese Viertelnote der Geige einen Punkt außerhalb des Bindebogens, so daß diese Verkürzung dem Achtel des Klaviers gleichzusetzen ist.

In der zweiten Hälfte der **Takte 159** und **167** scheint mir im Klavier ein decresc. zu fehlen, denn die darauffolgende Begleitung sollte dem Dolce entsprechend leise gespielt werden. So erhält das cresc. in **Takt 164** seine Berechtigung. Nur wenige Pianisten befolgen in den **Takten 168, 172** und **174** die Phrasierung Beethovens und realisieren sie als echte Zweiergruppen.

Die kurzen Achtel der Geige in den **Takten 168–170** und **172–173** sind besser als Martelé zu spielen, um einen charakterlichen und klanglichen Kontrast zum nächsten Takt zu schaffen, der als Spiccato reizvoller ist.

Die **Takte 177–179** im Violinpart wirken viel eleganter, wenn sie im Sautillé vorgetragen werden. So wie das Klavier in den **Takten 168, 172** und **174** die Sechzehntel in Zweiergruppen gestaltet, sollte es die Geige im **Takt 182** halten. Fast unheimlich mutet die geniale Coda an, die ebenfalls die bereits besprochene Charakterspaltung aufzeigt. Die anfänglich weltentrückte und in sich gekehrte Stimmung ändert sich ab dem cresc. **Takte 194** und **216** ganz erheblich. Die wiederholt pochenden Noten beider Instrumente in den **Takten 190–193, 206–209** sowie **212–215** können trotz pp mit winzigen Akzenten versehen werden, um so den entfernten Totenglocken den entsprechenden Ausdruck zu verleihen. Die Geigentriller in den **Takten 197** und **219** wieder als Mordent wie in den **Takten 158** und **166:**

Obwohl im Erstdruck die letzten drei Achtel der **Takte 197** und **219** gebunden sind, ist im Manuskript eine sichtbare Andeutung, daß nur die ersten zwei Achtel zu binden sind; das letzte Achtel ist separat und kurz. So sieht es im Manuskript aus:

Alle p sub. ab den **Takten 220–232** sind wesentliche Bestandteile des Ausdrucks und sollten nicht abgeschwächt und verwässert werden. Die optimistischen letzten Takte (ab **Takt 220**) bringen diese Sonate mit ihren reichen Gegensätzen zwischen Ernst, Trauer, aber auch Fröhlichkeit und Bejahung zu einem strahlenden Ende.

Sonate Nr. 7 c-Moll op. 30 Nr. 2

Kaiser Alexander I. von Rußland gewidmet
Manuskript: Sammlung H. C. Bodmer, Zürich
Komponiert 1802
Erstausgabe 1803:
»Trois Sonates / pour le Pianoforte / avec l'Accompagnement
d'un Violon, / composées et dediées / à Sa Majesté /
Alexandre I, / Empereur de toutes les Russies / par / Louis
van Beethoven / Œuvre XXX. / Leipzig, en Commission
chéz Hoffmeister et Kühnel. Bureau de Musique«

Einführung

Die c-Moll-Sonate op. 30 Nr. 2 gehört zu den beliebtesten Violinsonaten Beethovens und wird neben der Frühlings- und der
Kreutzer-Sonate viel häufiger gespielt als all die anderen. Mit seinen hervorragenden Eigenschaften gehört dieses Werk zu den
eindrucksvollsten Kompositionen seiner Gattung, und Joseph Szigeti spricht mit Recht von der »episch-dramatischen Anlage,
deren heroische Haltung so schwer zu realisieren ist«. Es wäre jedoch schade, deswegen andere Sonaten des Meisters zu vernachlässigen. Die Spannung des Ausdrucks in den Ecksätzen und das
Durchhalten der gehetzten Atemlosigkeit – der Sonate op. 23 und
der Kreutzer-Sonate op. 47 vergleichbar – gehören zu den erleb-
nisreichsten und bewunderungswürdigen Qualitäten dieser Sonate; ein unerhört schwungvolles, fesselndes Stück, voller Leidenschaft und wuchtiger Kraft.
Der zweite, langsame Satz wird, obschon ein beruhigender Kontrast zum ersten und vierten, öfter in einem zu langsamen Tempo
vorgetragen, wodurch der Zuhörer manchmal den Faden verliert.
Außerdem ist zu berücksichtigen, daß lange Noten im Klavier
nicht das gleiche Durchhaltevermögen besitzen wie bei einem
Streichinstrument und daher das Tasteninstrument bei der Wiederholung desselben thematischen Materials nicht die gleiche

Wirkung erzielt. Die Wahl des Tempos sollte sich meines Erachtens nach der Zweiunddreißigstel-Figuration des Klaviers in der Reprise ab **Takt 60** richten. Auch das Scherzo ist eher heiter angelegt, um so dramatischer wirkt die Erregung des letzten Satzes. Dessen Tempo darf aber nicht heißen »so schnell wie möglich«, denn die Coda verlangt noch eine bedeutende Steigerung.

Erster Satz: Allegro con brio

Der in den **Takten 2, 4, 10** und **12** jeweils angegebene Punkt ist wiederum als Verkürzung zu verstehen und befände sich in meiner Orthographie außerhalb des Bindebogens. Wie bereits an verschiedenen Stellen betont (speziell in der Frühlings-Sonate op. 24), müssen Instrumentalisten generell mehr auf den Unterschied zwischen Punkten mit oder ohne Bindungen achten, vor allem, wenn sie von einem Komponisten, der hauptsächlich Pianist war, notiert sind. Mit Bindungen bedeutet der Punkt ein Non-Legato und ist unbedingt mit längeren Notenwerten auszuführen als reine Staccato-Bezeichnungen. So werden die Viertel in **Takt 6** oft viel zu kurz gespielt, was auch in den **Takten 130** und **137** geschieht. Die linke Hand des Klaviers in den **Takten 10, 12, 46–51, 140, 142** und **179–184** ist nicht selten zu laut oder zu undeutlich, gelegentlich sogar beides!

Die zwei aufeinanderfolgenden cresc. in den **Takten 17–18** der Geige geben manchmal Anlaß zu Ratlosigkeit. Tatsächlich sind zwei cresc. gedacht, denn auch die **Takte 147–148** sind so bezeichnet. Die zwei sfz des Klaviers in diesen Takten machen das evident.

Beiden Partnern rate ich, am Ende des **Taktes 17** eher ein kleines dim., im nächsten Takt jedoch ein cresc. zum darauffolgenden sfz auszuführen. Die meisten Pianisten befolgen die Dynamik in **Takt 26** leider ungenau; das zweite Viertel sollte die etwas verstärkte Note sein. Das Seitenthema **Takt 29** mit Auftakt bringt bogentechnische Probleme, denn eine nicht geplante Bogeneinteilung verursacht leicht falsche und ungewollte Akzente. Als mögliche Lösung käme folgendes in Betracht:

1   Ludwig van Beethoven (17. 12. 1770 – 26. 3. 1827)

2 Ludwig van Beethoven

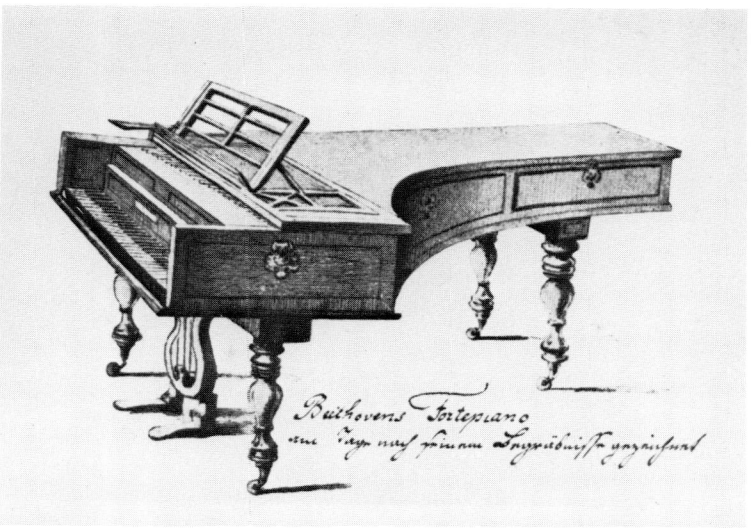

3 Flügel aus der Werkstatt von Thomas Broadwood
Beethoven erhielt ihn 1818 von dem englischen Klavierfabrikanten Thomas
Broadwood aus London. Er gab seinen Erard-Flügel seinem Bruder Johann
und spielte nur noch auf dem Broadwood. Der Flügel kam später an
Franz Liszt.

4 Streichinstrumente Beethovens
aus dem Beethoven-Haus, Bonn. Von links nach rechts: Viola von V. Rugero
(1690); Violoncello von A. Guarneri (1675); Viola aus Beethovens Bonner
Zeit; Violine von N. Amati (1690); Violine von G. Guarneri (1718)

5   Ignaz Schuppanzigh (20. 11. 1776–2. 3. 1830)

Österreichischer Geiger und Führer des berühmten, nach ihm benannten
Streichquartetts, das viele Quartette Beethovens zur Uraufführung brachte.
Beethoven war in seinen ersten Wiener Jahren Violinschüler von Schuppan-
zigh. Zwischen den beiden bestand eine enge Freundschaft, und Schuppanzigh
mußte sich so manchen derben Scherz von Beethoven gefallen lassen.
Darunter eine Komposition mit dem Titel »Lob auf den Dicken« für drei
Solostimmen und Chor aus dem Jahre 1801. (Wo O 100)

Schup-pan-zigh ist ein Lump, Lump, Lump.

ant. Salieri
nat. a Legnago 19 Rg.
1750

Fr. Rehberg ad viv del
Vienna 6 febr. 1821

Antonio Salieri

6   Antonio Salieri (18. 8. 1750 – 7. 5. 1825)
Italienischer Komponist und neben Haydn, Schenk und Albrechtsberger
der vierte Lehrer Beethovens. Bis heute ist Salieris Verhältnis zu Mozart
umstritten, und immer wieder taucht das Gerücht auf, Salieri hätte Mozart
vergiftet. Salieri fiel im Jahre 1823 in geistige Umnachtung.

7   Moritz Reichsgraf von Fries (1777–1819)
Bedeutender Kunstsammler, Musikliebhaber und Mäzen. Er war Mitinhaber
des angesehenen Wiener Bankhauses Fries & Co. Beethoven hat ihm außer
den Violinsonaten op. 23 und 24 auch das Streichquintett op. 29 und die
7. Symphonie op. 92 gewidmet. Haydn widmete ihm sein letztes Streichquartett, Schubert das Lied »Gretchen am Spinnrad«.

8 Kaiser Alexander I. von Rußland (23. 12. 1777 – 1. 12. 1825)
Die Zueignung der drei Sonaten op. 30 an den Zaren Alexander I. blieb
zunächst unberücksichtigt und ohne geldlichen Erfolg. Erst im Frühjahr
1815 wurde diese Unterlassung wettgemacht, als die Kaiserin Elisabeth
Alexejewna, die damals zum Kongreß in Wien weilte, Beethoven zur Überrei-
chung der ihr gewidmeten Polonaise op. 89 in Audienz empfing und ihm
bei dieser Gelegenheit außer 50 Dukaten für die Polonaise auch 100 Dukaten
als nachträglichen Ehrensold für die Violinsonaten aushändigen ließ (siehe
Thayer, Bd. 3, S. 486 f.).

9 Rodolphe Kreutzer (16. 11. 1766 – 6. 1. 1831)
Hervorragender französischer Violinist und Komponist, auch bedeutender
Violinlehrer. – Auf Tournee in Deutschland als Begleiter des Gesandten
Bernadotte lernte er 1798 in Wien Beethoven kennen. Das Werk, das
Kreutzers Namen als Komponist am längsten erhalten wird, sind seine
klassischen »Études ou Caprices« für Violine allein (etwa 1807), deren
Studium zur geigerischen Grundausbildung gehört. 1805 widmete ihm
Beethoven die Violinsonate op. 47 (Kreutzer-Sonate), die ursprünglich
für den mulattischen Geiger Bridgetower komponiert war, mit dem Beethoven
1803 das Werk zweimal öffentlich spielte. Beethoven schrieb am 4. Oktober
1804 an Simrock: »Dieser Kreutzer ist ein guter, lieber Mensch, der mir
bei seinem hiesigen Aufenthalte sehr viel Vergnügen gemacht, seine An-
spruchslosigkeit und Natürlichkeit ist mir lieber als alles Extérieur und
Intérieur der meisten Virtuosen – da die Sonate für einen tüchtigen Geiger
geschrieben ist, um so passender ist die Dedikation an ihn.«

10   George A. Polgreen Bridgetower (1779–1860)
Für diesen berühmten mulattischen Geiger schrieb Beethoven die ersten
beiden Sätze der später Rodolphe Kreutzer gewidmeten Sonate op. 47.
Der letzte Satz war ohnehin bereits vorhanden, ursprünglich zu
op. 30 Nr. 1 gehörend. Beethoven war von Bridgetowers temperamentvollem
Spiel sehr begeistert.

11 Erzherzog Rudolph von Österreich (8. 1. 1788 – 24. 7. 1831)
Beethovens Schüler in Klavierspiel und Komposition seit dem Jahre 1804.
Eine große Anzahl Kompositionen Beethovens sind dem Erzherzog gewidmet,
der im Leben Beethovens eine sehr wesentliche Rolle gespielt hat als Gönner,
Freund und Schüler.

12   Jacques Pierre Rode (16. 2. 1774 – 26. 11. 1830)
Berühmter französischer Geiger und Komponist. Er schrieb viele Violinkonzerte, Streichquartette, Duos usw., aber seine »24 Caprices en forme
d'études dans les 24 tons de la gamme« gehören zu den klassischen und
immer noch sehr gebräuchlichen Grundelementen des Geigenunterrichts.

13   Ludwig van Beethoven

In den **Takten 38** und **171** des Klavierparts fehlt in der Erstausgabe und im Manuskript die Bezeichnung »sempre staccato«, sie ist aber in beiden Fällen im Geigenpart angegeben und hat auch für das Klavier Gültigkeit. Ebenso fehlt im Erstdruck und im Manuskript **Takt 32** das sfz der Geige und in **Takt 42** das der linken Hand des Klaviers, das aber in der Reprise **Takte 165** und **175** vorhanden ist.

Die Skalen in der Geige **Takte 47, 49, 52, 54, 180** und in der ersten Hälfte von **Takt 182** kann man gut im Sautillé ausführen. Beide Partner sollten sich hüten, zu früh, also vor **Takt 51** beziehungsweise **184,** ein f zu erreichen, was gleichermaßen für die cresc. vor dem f in den **Takten 57** und **190** zutrifft.

Alle letzten Notenbindungen in den **Takten 52–57** sowie **185–190** im Klavier und in der Geige **Takte 63–67** und **196–200** wie in früher erwähnten Parallelstellen verkürzen:

Die Triller in den **Takten 61** und **194** des Klaviers sollten meines Erachtens mit Nachschlag gespielt werden.

In den **Takten 62** und **195** stoßen wir wiederum auf eine jener widersprüchlichen dynamischen Bezeichnungen: Im Klavierpart steht das p beide Male am Anfang des Taktes, jedoch finden wir, übereinstimmend mit Manuskript und Erstdruck, in der Geige das p das erste Mal auf dem zweiten Achtel und in der Reprise schon am Taktanfang. Ich neige dazu, auch in der Geige das p beide Male am Taktanfang zu spielen.

Die im Klavier angegebene Dynamik der **Takte 75** und **77**

ist auch in den **Takten 79, 81, 83, 85, 87, 89** und **91** und in der Reprise **Takte 208–214** anzuwenden. Das p sub. in den **Takten 82** und **88** im Klavier ist an verschiedenen Stellen angebracht, im ersten Fall am Anfang des Taktes, im zweiten erst auf dem zweiten Viertel.

Der Geigenbezeichnung und auch dem Sinn entsprechend glaube ich, daß in **Takt 82** (wie beim zweiten Mal) das p erst auf dem zweiten Viertel ausgeführt sein müßte.

Um das dreitaktige cresc. wirklich dramatisch zu gestalten, ist es absolut notwendig, **Takt 92** in beiden Instrumenten möglichst leise anzufangen. Auch die letzten drei Achtel der **Takte 98** und **100** sollten mit einem fast übertriebenen Crescendo gespielt werden.

Die Notenwerte in der linken Hand des Klaviers **(Takte 107–112)** sind unterschiedlich angegeben, nämlich mit Ausnahme des **Taktes 108** in Achteln, dort aber in Sechzehnteln. Die Achtel haben allerdings Punkte, die bei den Sechzehnteln fehlen. Es ist klar, daß trotz verschiedener Notation dieselbe Notenlänge gemeint ist.

Einen weiteren Beweis dafür, wie kompliziert es selbst für einen Komponisten ist, eigene Vorstellungen so zu interpretieren, daß sie auch für andere verständlich sind!

Takt 112 in der Geige würde ich als Martelé ausführen, da dies hier zum Marcato des Klaviers charakterlich besser paßt als ein Spiccato. Eine Strichart wie Martelé ist nicht durch einen Springbogen zu ersetzen, und ich bedaure sehr, daß die Mehrzahl der Geiger heute das Martelé vernachlässigen.

Viele Geiger haben Schwierigkeiten mit einem wirklich präzisen Einsatz in den **Takten 114** und **118.** Das kann daran liegen, daß der Geiger die aufsteigende, chromatische Linie so hört, als ob der gute Taktteil in der Chromatik enthalten wäre. Es ist zwar so leichter hörbar:

jedoch muß sich der studierende Geiger klarmachen, daß hier der Orgelpunkt G immer auf den guten Taktteil fällt:

Andererseits kann auch eine falsche oder unachtsame Betonung des Pianisten Grund für die Schwierigkeit sein.

In der Erstausgabe steht außer dem richtigen pp in **Takt 115** auch pp in **Takt 119.** Letzteres ist sicher ein Irrtum, denn nicht nur ist im Klavierpart **Takt 119** ein p mit einem im nächsten Takt folgenden decresc. angegeben, sondern es scheint auch durchaus sinnvoll, daß beide Instrumente in **Takt 115** pp spielen, **Takt 119** hingegen nur p mit dem darauffolgenden decresc. in **Takt 120,** das erst in **Takt 121** zum pp führt. Übrigens ist die Dynamik im Manuskript richtig angegeben. Die synkopierten Oktaven der Geige **Takte 123–124** sollten jedesmal Akzente in zunehmender Tonstärke haben.

In fast allen Ausgaben ist eine Pedalbezeichnung von **Takt 216** bis zum dritten Viertel **Takt 218** angegeben, die sowohl im Autograph wie auch im Erstdruck fehlt. Beethovens Vermerk »senza sordino« in **Takt 216** statt des soeben erwähnten »ped.« und »con sordino« in **Takt 219** bedeutet zwar dasselbe; mir lag nur daran, dem Leser eine Information zu geben.

Weitere dynamische Bezeichnungen in diesem Satz, die nicht genug Beachtung finden, sind das p **Takt 221** und das pp im nächsten Takt. Fraglich auch in **Takt 230:** führt das cresc. zum p, oder ist es wieder ein p sub.? Ich bevorzuge dem Stil Beethovens entsprechend die zweite Lösung, was aber als persönlicher Geschmack betrachtet werden muß.

Der Pianist möge die gesamte Dynamik der Coda möglichst genau und verantwortungsvoll befolgen. Besonders Pianisten neigen wegen gewisser technischer Schwierigkeiten dazu, das f in **Takt 247** bereits ff zu spielen, mit dem Nachteil, das Tonvolumen in **Takt 252** nicht mehr steigern zu können.

Zweiter Satz: Adagio cantabile

Ich verweise auf meine Einführung zu dieser Sonate, wonach das Tempo dieses zweiten Satzes nicht allzu langsam genommen werden darf. Das ruhige – weder gehetzte noch verschleppte – Zeitmaß der Zweiunddreißigstel im Klavier der **Takte 60–68** gilt mir als Richtlinie für das Grundtempo dieses Adagios. Dem Charakter entsprechend und auch wegen der Alla-breve-Notierung sollte man keinesfalls in Achteln denken!

Die Dynamik im Hauptthema wird häufig mißverstanden oder nachlässig behandelt: Das sfz in **Takt 3** arretiert nicht das cresc., das erst im nächsten Takt durch das p sub. widerrufen wird. Es sollte also weitergeführt werden, was auch für die Geigenstimme **Takte 11–12** zutrifft. Allerdings fehlt im Manuskript und auch im Erstdruck das p in **Takt 12** der Geigenstimme, jedoch ist es ganz klar, daß hier genauso zu verfahren ist wie im Klavier und auch in der Reprise, wo in **Takt 64** selbst in der Violinstimme das p deutlich angegeben ist. Mordente werden öfter etwas schulmeisterlich ausgeführt, so zum Beispiel **Takte 7** und **59** im Klavier und **Takte 15** und **67** in der Geige.

Meistens wird es rhythmisch so gestaltet:

wobei die aufsteigende Linie, also das G, vorweggenommen wird. Daher ist meine Version:

so daß auch der Vorschlag als volles Sechzehntel ausgespielt wird. Manche Pianisten neigen dazu, die vier Sechzehntel auf dem zweiten Viertel des **Taktes 16** als kurze Staccato-Noten zu spielen. Der gleichzeitig notierte Bindebogen weist jedoch darauf hin, daß es sich wohl um ein Non-Legato, also eigentlich gesungene, leicht getrennte, lange Noten handelt.

Die Punkte auf den zweiten Vierteln in den **Takten 17–18, 25–26, 69–70** und **77–78** sind, wie bereits öfter erwähnt, Verkürzungen der Notenwerte.

Der Einsatz der Geige **Takt 22** sollte so unmerklich wie möglich ausfallen und eine tonliche und dynamische Einheit mit dem Klavier anstreben; denn die Geige spielt hier bis zum Anfang des **Taktes 23** die untere Terz, das Hauptgeschehen liegt also im Klavier. In **Takt 24**, wie fast überall bei Beethoven, stellt sich die Frage, ob

man den Trillern Nachschläge beigeben soll oder nicht. An dieser
Stelle, wie auch in den **Takten 31, 75, 84** und **92,** plädiere ich unbedingt für einen Nachschlag, im Gegensatz zu den letzten beiden
Vierteln in den **Takten 70** und **79,** auf die ja im nächsten Takt ein
vom Komponisten selbst angebrachter Nachschlag folgt. Eine
klare Absicht ist hier nicht zu verkennen. Die mit Punkten versehenen Noten **Takte 23** und **31** sollten von beiden Instrumenten
nicht zu kurz ausgeführt werden, also Non-Legato.
Die echte Staccato-Bezeichnung der **Takte 33–47** steht diesmal in
deutlichem Gegensatz zum Non-Legato früherer Stellen. Trotzdem sollten auch diese Staccati nicht allzu kurz ausfallen, denn sie
sind Teil eines langsamen, gesanglichen Satzes und dürfen nicht
grotesk wirken. Ausgespielte Zweiunddreißigstel mit ebenso langen Pausen entsprechen hier meiner Vorstellung:

Rhythmisch ist besonders folgendes zu beachten: In **Takt 36**
kommt die letzte Note der Geige erst nach dem letzten Sechzehntel des Klaviers, und der Pianist tut gut daran, schon wegen des
darauffolgenden p sub. die letzten Noten etwas zu dehnen. Das
gleiche trifft – mit vertauschten Rollen – auf **Takt 40** zu.
Obwohl ein p erst in **Takt 47** angegeben ist, glaube ich nicht, daraus auf ein von **Takt 43–47** durchgehendes Crescendo schließen
zu sollen. Ich neige zu einem dim. in der Geige, zweite Hälfte der
Takte 45–46, so daß der Anfang des **Taktes 46** ebenfalls in beiden
Instrumenten p anfängt. Hier kann man natürlich geteilter Meinung sein, aber man hüte sich, das p **Takt 47** mit einem pp zu verwechseln, denn in **Takt 48** wird noch ein decresc. verlangt, das erst
dann zum pp führt. Ob das cresc. in **Takt 49** zu einem p sub. führt
oder nur vom pp zum p, ist Ansichtssache, also Streitfrage. Ich selber glaube an ein p sub., und zwar nicht nur aus der Kenntnis der
Gewohnheit Beethovens, sondern weil die beiden kurz aufeinanderfolgenden cresc. ohne beabsichtigte Unterbrechung nicht
zweimal angegeben zu sein brauchten. Das Volumen des Geigen-
einsatzes **Takt 51** muß sich trotz Piano-Bezeichnung nach dem
Stärkegrad des Klaviers, dem bereits begonnenen cresc., richten.

Die Staccato-Noten im Geigenpart **Takte 54–60** wiederum nicht
zu kurz, und zwar unabhängig von der Dynamik. Ein wirklich bi-
zarrer Einfall ist das f der Geige **Takt 58.** Viele Geiger scheuen
sich, der geforderten Dynamik in vollem Umfang nachzukommen.
Gerade diese unerwartete und extravagante Idee führte im
Volksmund zu der Bezeichnung »Hahnenschrei«-Sonate.

Die Vorschläge **Takt 68** des Klaviers werden manchmal fälschlich
zu lang gespielt, woraus sich mit den nachfolgenden vier Zweiunddreißigsteln Quintolen ergeben.

In den Triolenfiguren der **Takte 85–87** und **93–95** gibt es vier verschiedene Hinweise über die Länge der Noten:

1. ohne Punkte oder Bindungen,

2. Staccato-Bezeichnung, also Punkte,

3. Bindungen und

4. schließlich Punkte mit Bindebogen, das heißt Non-Legato.

Die Unterscheidung überzeugt mich nur in drei Fällen: Legato,
Non-Legato und Staccato. Die Triolen ohne Punkte kommen
meines Erachtens dem Non-Legato gleich, also nicht Staccato.

Die unterschiedlichen Notenlängen am Ende der jeweiligen
C-Dur-Skala in den **Takten 87–88** und **96–97** sind nicht wörtlich
zu nehmen. Es ist nicht einzusehen, warum die Endnoten manchmal Viertel sein sollen und ansonsten Achtel. Bei einer strikten
Ausführung würde in **Takt 96** das dritte Viertel während des Laufs
der rechten Hand des Klaviers mit durchklingen, was bei Beibehaltung der vorgeschriebenen Pausen weder vorher noch nachher
der Fall wäre. Solche Flüchtigkeitsfehler unterlaufen sehr vielen
Komponisten bei der raschen Niederschrift, und sie kommen insbesondere bei Beethoven immer wieder vor. Erneut ein Beweis
dafür, wie unsinnig es ist, einen Urtext unkritisch zu akzeptieren.

Die Fortsetzung der melodischen Linie ist in den **Takten 90–91**
und **99–100** zwischen beiden Instrumenten aufgeteilt, was wir bei
Beethoven häufig antreffen, im ersten Fall:

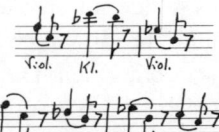

und im zweiten:

Dementsprechend würde die gleichmäßige Anwendung eines durchgehenden p in beiden Instrumenten nicht dazu beitragen, dem Hörer die melodische Linie klarzumachen.

Pizzikati sind auf der Geige, verglichen mit tieferen Streichinstrumenten, nicht immer befriedigend, so kommt es hier in den **Takten 101–105** meistens zu einem ungenügenden Nachklang, und zwar aus verschiedenen Gründen: Oft ist eine kurze, trockene Tonqualität das Resultat eines falsch angewandten Vibratos, das ja eigentlich zur Verlängerung beitragen soll. Die Saite kann nicht weiterschwingen, wenn der Fingerdruck durch das Vibrato unterbrochen wird. Auch werden Pizzikati meist zu leise ausgeführt, wodurch die groteske Situation entsteht, daß man den Geiger mehr sieht als hört.

Ich empfehle dem Pianisten, die Achtel der rechten Hand **Takte 105–106** dem vorhergehenden pizz. der Geige klanglich und auch in der Notenlänge möglichst anzupassen. In der Fortsetzung der **Takte 107–110** im Baß könnten die Achtel nach und nach verlängert werden. Im Manuskript und auch im Erstdruck steht im Klavier bei den letzten beiden Akkorden »senza sordino« und nicht, wie in allen späteren Ausgaben, »ped.«; dies nur zur Information. Noch heute versetzt es mich in maßlosen Zorn, wenn ich daran zurückdenke, wie ein unverantwortlicher und unwissender Toningenieur bei der Überspielung vom Tonband auf Schallplatte meine Decca-Aufnahme dieser Sonate dadurch verschandelte, daß er die letzten beiden Akkorde des langsamen Satzes einfach wegließ, weil er annahm, der Satz sei bereits zu Ende. Unbegreiflich war überdies, daß es die Firma, für die ich seinerzeit alle diese Beethoven-Sonaten eingespielt habe, zuließ, die Platte in dem genannten Zustand in den Handel zu bringen. Glücklicherweise glaubten manche Käufer, es handle sich hierbei um die Neuentdeckung eines bisher (allerdings auch nachher) unbekannten sogenannten Urtextes. Unwissenheit und Ignoranz haben offenbar keine Grenzen!

Dritter Satz: Scherzo. Allegro

In diesem Satz spielen die an ungewöhnlichen Stellen vorgesehenen sf eine bedeutende Rolle. Gerade diese derb-humoristische Art finden wir bei Beethoven des öfteren. Hierbei ist die unterschiedliche Bedeutung des sf zu berücksichtigen. In einigen Fällen ist es einem f gleichzusetzen, in anderen stehen sf oft innerhalb einer Piano-Phrase, die dadurch nicht annulliert wird. Letzteres geschieht auch in den **Takten 7** und **15** dieses Satzes. Betrachtet man die bezeichnete Dynamik **Takt 46,** geht klar hervor, daß nach dem letzten sf die Beibehaltung des p notwendig ist, um das folgende cresc. zu ermöglichen. Ferner fehlt sowohl im Manuskript wie auch im Erstdruck das analoge cresc. in **Takt 16,** das zweifelsohne ersetzt werden muß.

Die pianistische Phrasierung am Anfang des Satzes ist eine oft auftretende Unsitte, wahrscheinlich aus Unachtsamkeit oder technischer Unzulänglichkeit:

statt:

Das würde bei einer anfänglichen Bindung zur Hauptnote C, jedoch einer Trennung des Sechzehntels vom darauffolgenden C, nicht passieren.

Den Vermerk in der Erstausgabe »la prima parte senza repetizione« treffen wir bei Beethoven öfter an, in den hier behandelten Sonaten kommt er nur in diesem Satz und im Scherzo der Frühlings-Sonate op. 24 vor.

Die genaue Ausführung der gewünschten Dynamik im Geigenpart **Takte 22–34** stellt große bogentechnische Anforderungen; einerseits sind die kurzen Achtel **Takt 26** im cresc., die im Spiccato nicht ganz dem Charakter entsprechen und im Martelé wirksamer, aber für viele Geiger schwieriger sind, andererseits muß beim p sub. **Takt 27** darauf geachtet werden, daß in **Takt 33** noch ein decresc. zum pp möglich bleibt. Die Triolen in der Geige **Takte 29–34** sollten trotz fehlender Punkte im Spiccato gespielt werden, was meines Erachtens auch für **Takte 16–17** und **46–47** gilt. Im Klavierpart würde ich die Achtel der linken Hand **Takte 16–17** und

46–47 an die mit Punkten versehenen **Takte 43–44** und **47** der Geige angleichen; ebenso verfahre ich in der Geige **Takte 16–17**, wo die Punkte analog zu denen **Takte 46–47** stehen sollten.

Die Phrasierung im Trio ist – speziell im Erstdruck, aber auch im Manuskript – recht flüchtig, willkürlich und ungenau angegeben. Hier schließe ich mich der in allen späteren Ausgaben vertretenen Ansicht an, die so aussieht:

Dynamisch bleibt der erste Teil trotz $<\,>$ und sfz im p.

Der zweite Teil ist sehr differenziert auszuführen: p sub. in **Takt 63,** aber keinesfalls pp, da in **Takt 67** ein decresc. zum echten pp in **Takt 71** folgt.

Während die mit Punkten versehenen Viertel im ersten Teil des Geigenparts bei einem p springend gespielt werden können, plädiere ich ab **Takt 76** für ein kräftiges Martelé mit viel Bogenausgabe im f.

Eine fast regelmäßig auftretende Unsitte ist ein unbeabsichtigtes sfz auf der letzten Note der Geige **Takt 83** und im Klavier **Takt 84.** Zwar bleibt die Phrase in beiden Fällen im f, aber ohne Betonung.

Vierter Satz: Finale. Allegro

Dieses Finale weist eine große Affinität zum ersten Satz des Werks auf, die emotional und formal als eine abschließende Klammer zu verstehen ist und dem Gesamtwerk eine bewunderungswürdige Einheit verleiht. Auch hier die spürbare, gehetzte Atemlosigkeit, die ich am Anfang meiner Betrachtungen zu dieser Sonate erwähnte.

Die Punkte über oder unter den Noten sind in diesem ganzen Satz im Manuskript wie auch im Erstdruck sehr uneinheitlich. In den verschiedenen (auch Urtext) Ausgaben kommen ebenfalls ungleiche Auslegungen vor. Ich glaube, hier sind fast alle Viertel wie am Anfang mit Punkten zu versehen, egal, ob späterhin notiert oder nicht. Das Ganze ist gewissermaßen »simile« aufzufassen. Mit den **Takten 13, 105** und **178** tritt eine leichte Beruhigung ein, die als

Endung der Phrase zu verstehen ist. Eine Trennung zum darauffolgenden – mehr lyrischen – Thema scheint berechtigt. Daher
empfehle ich für diese Stelle ein winziges Calando. Die Dynamik
der **Takte 15–22, 107–114** und **179–182** wird oft von beiden Instrumenten vernachlässigt. Hierzu muß allerdings vermerkt werden: Nur im ersten Fall **(Takte 15–22)** sind die Angaben genau, im
zweiten Fall jedoch **(Takte 107–114)** fehlen für beide Instrumente
das cresc. im Anfangstakt und das decresc. **Takt 113** sowie das sf
und das decresc. beim dritten Mal **(Takt 181)**. Die **Takte 43, 47,
61, 205, 209** und **223** sind im Manuskript und in der Erstausgabe
dynamisch uneinheitlich und ungenau, sogar widersprüchlich notiert. In all diesen Fällen bin ich dafür, das p in beiden Stimmen jedesmal nachtaktig, also nicht am Taktanfang, eintreten zu lassen.
Sind in der linken Hand des Klaviers Achtel, dann das p schon auf
dem zweiten Achtel, sonst erst auf dem zweiten Viertel. Die Berechtigung dieser Annahme erhellt ein Vergleich mit den Klavier-
einsätzen der **Takte 48** und **210,** die ebenfalls nachtaktig sind. Der
Geiger möge auf eine Betonung des ersten Viertels in den **Takten 49, 51–52** und **211, 213–214** verzichten, denn die sfz sind in
beiden Instrumenten alternierend gemeint, und die Phrasierung
ist eigentlich so zu verstehen:

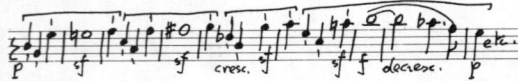

In **Takt 63** ist ein Nachschlag angegeben, zwei Takte später jedoch
nicht. Der Nachschlag in **Takt 225** ist sogar groß und rhythmisch
ausgeschrieben, zwei Takte später dagegen fehlt wiederum jegli-
cher Hinweis. Ich schlage vor, jedesmal dem ersten Exempel zu
folgen, also überall in beiden Instrumenten einen Nachschlag anzubringen. An der zweiten Stelle muß in diesem Fall der Nachschlag **Takt 227** mit H und C ausgeführt werden:

Eine schlechte Gewohnheit der Geiger ist es, auch in den **Takten 72** und **234** ein sfz anzubringen, obschon die Verführung verständlich scheinen mag, da im Klavier ein fp notiert ist. Interessant

erscheint mir die Tatsache, daß Beethoven ursprünglich auch für die Geige ein sfz geplant hatte, diese Bezeichnung aber im Manuskript ausgestrichen hat, und dementsprechend ist sie im Erstdruck weggelassen.

Das von Beethoven nochmals angegebene p in den **Takten 77** und **239** hat Anlaß zu verschiedenen Auslegungen gegeben: Es besteht die Möglichkeit, das drei Takte vorher bezeichnete sfz als f und das zweite p als p sub. zu betrachten – was allerdings auch auf das zweite sfz nach dem zweiten p Anwendung finden müßte – oder nach dem sfz wieder zum p zurückzukehren und das nochmalige p nur als Wiederbeginn der Phrase anzusehen. Beide Interpretationen sind berechtigt.

Die wiederholten Noten der Geige **(Takte 83–87** und **249–251)** sollten schon wegen der Klaviereinsätze der rechten Hand etwas angestoßen werden, aber auch um eine klare, rhythmische Definition zu erzielen, die bei gleichbleibender Tonhöhe im Konzertsaal leicht verwischt ausfallen kann.

Vom Auftakt **Takt 115** sollte die Geige bis **Takt 122** führen, während das Klavier nur Imitationen ausführt. Ab **Takt 123** mit Auftakt finden wir jedoch das umgekehrte Verhältnis, dem beide Partner sinnvoll Rechnung zu tragen haben. Ein leichtes Ritardando in **Takt 163** scheint mir berechtigt, obwohl nicht speziell angegeben.

In den letzten fünfzehn Takten vor dem Presto dürfen die Viertel im Klavier keinesfalls zu kurz genommen werden; sie sind ganz ausdrücklich »con espressione« und ohne Punkte bezeichnet. Das »con espressione« für das Klavier und »espressivo« für die Geige in den **Takten 267–268** sollten kein Anlaß zu analytischer Spekulation sein, sie sind in ihrer Bedeutung identisch. Die unterschiedliche Notierung zeugt nur wiederholt von Beethovens Flüchtigkeit und Eile. Der hier notwendige Ausdruck in der Violine ist schwer zu umschreiben. In dem Zusammenhang verweise ich auf die Ausdrucksbezeichnung Beethovens in der Cavatina seines Streichquartetts op. 130, dort heißt es »beklemmt«. Die individuelle instrumentelle Verwirklichung dieses Ausdrucks muß wohl recht unterschiedlich ausfallen. Um dieser fast unheimlichen Stelle gerecht zu werden, können einerseits durch Bogenausgabe und andererseits durch Vibrato wesentliche Kontraste erzielt werden. Eine technisch wirklich belegbare Darstellung ist im Grunde unmöglich, denn jede klare Interpretationsvorstellung findet einen unbewußten Niederschlag durch nicht erklärbare Zwischenfärbungen in der Ausführung. Ich warne beide Partner davor, zu früh mit dem cresc. zu beginnen, das erst ab **Takt 275** kurz und steil auszuführen ist. Die letzten beiden Takte vor dem Presto kommen einem »morendo« gleich, also ein leichtes »calando«.

Das Presto muß überraschend und dramatisch mit einem Knall beginnen. Nimmt der Geiger in den ersten vier Takten Bogenteilungen vor (was empfehlenswert ist), soll er das mit möglichst unhörbarem Bogenwechsel, also auch ohne Zäsuren, machen. Die synkopierten Noten der Geige **(Takte 288–295)** sind trotz p leicht zu akzentuieren. Besondere Beachtung verdienen die Dosierung des cresc. zum f ab **Takt 292** und auch der Unterschied zwischen f in **Takt 298** und ff in **Takt 300**. Überhaupt ist die dynamische Verwirklichung des ganzen Prestos ungemein schwer, wenn man nicht geneigt ist, Kompromisse zu machen.

Sonate Nr. 8 G-Dur op. 30 Nr. 3

Kaiser Alexander I. von Rußland gewidmet
Manuskript: British Museum, London
Komponiert 1802
Erstausgabe 1803:
»Trois Sonates / pour le Pianoforte / avec l'Accompagnement
d'un Violon, / composées et dediées / à Sa Majesté /
Alexandre I, / Empereur de toutes les Russies / par / Louis
van Beethoven. / Œuvre XXX. Leipzig, en Commission
chéz Hoffmeister et Kühnel. Bureau de Musique«

Einführung

Obwohl ich mich nicht immer mit Joseph Szigetis Ansichten, besonders in Fragen des Fingersatzes und Bogenstrichs, im Einverständnis finde, glaube ich, die kurze Darstellung dieser Sonate ist ihm hervorragend gelungen, und sie entspricht im wesentlichen meiner Ansicht. Ich zitiere daher Szigetis Darlegung:
»Mit der 8. Sonate betreten wir eine Sphäre von gewissermaßen konfliktloser Vollkommenheit; das Ebenmaß und die strahlende Heiterkeit des ersten Satzes, die ruhig-gelöste Schönheit des Tempo di Minuetto und die schwungvolle Lustigkeit des Schlußrondos – all das ergibt zusammen eines der harmonischsten Werke der ganzen Serie.« (Beethovens Violinwerke, S. 50)
Dynamische Feinheiten, wie etwa die sehr klar gekennzeichneten Unterschiede zwischen p und pp, spielen hier eine bedeutsame Rolle. Es gibt Stellen, besonders in der Durchführung des ersten Satzes, die fast symphonisch anmuten. Mit dieser Sonate ist Beethoven insofern ein glücklicher Ausgleich gelungen, als sich das gesamte thematische Material für beide Instrumente gleich gut eignet, ein Gesichtspunkt, der mit Mozart besondere Vollendung erlangt hatte.
Die Tempofrage im zweiten Satz ist ausgesprochen schwer zu lösen. Schon die Bezeichnung gibt Anlaß zu vielen Zweifeln:

»Tempo di Minuetto (in der Erstausgabe mit e: Menuetto), ma molto moderato (offenbar später neu hinzugefügt) e grazioso.« Diese etwas lange, sich wiederholende Überschrift von Beethovens Hand zeugt von einer gewissen Unsicherheit. Nun, da sämtliche Wiederholungen vom Komponisten ausgeschrieben wurden, will sagen in bewußter Umgehung der sonst üblichen Wiederholungszeichen, wirkt der Satz etwas zu lang, besonders weil wir bei der Wiederkehr desselben Materials kaum Veränderungen oder Variationen finden. Ich glaube daher an ein flüssiges Zeitmaß. Der derbe Humor im Seitenthema, der mit den **Takten 59** und **149** der linken Hand im Klavier beginnt, darf keinesfalls geglättet werden, obwohl die Geige davon unberührt bleibt und den beseelten Gesang fortsetzt. Eben dieser Gegensatz gibt der Stelle mit einer geradezu dramatischen Wirkung den großen Reiz.

Der letzte Satz gehört zu der betont virtuosen Phase des Komponisten, analog zur c-Moll-Sonate op. 30 Nr. 2 und erst recht zur Kreutzer-Sonate op. 47. Dieser Satz ist von wirklich hinreißendem Esprit, voll faszinierenden Humors und einzigartiger Einfälle, wie etwa die plötzliche Modulation **Takt 177.**

Leider sind in diesem ganzen Werk die dynamischen Angaben höchst ungenau, ja sogar oft widersprüchlich, sowohl im Autograph wie auch im Erstdruck. Daher ist eine eingehende Auseinandersetzung mit diesem Problem, ganz besonders bei dieser Sonate, dringendst notwendig, und viel Fehlendes muß der eigenen Ansicht entsprechend ergänzt und – wo nicht offensichtlich Verschiedenheiten gemeint sind – in den Parallelstellen angeglichen werden.

Beethoven schreibt selbst in einem Brief: »Ich lebe nur in meinen Noten und ist das eine kaum da, so ist schon das andere angefangen. So wie ich jetzt schreibe, mache ich oft drei neue Sachen zugleich.«

Erster Satz: Allegro assai

Der Auftakt zu **Takt 5** wird oft im p begonnen, weil – so das Argument – in diesem Takt abermals ein f steht. Das Klavier hat im **Takt 4** ein durchgehendes f, was auch für die Geige gilt; der neuerliche

Hinweis f in **Takt 5** dient nur als Bekräftigung eines beabsichtigten
anderen Volumens als das p des Anfangs.

Sehr unklar ist die Dynamik der **Takte 7, 119** und **123** im Klavier.
Die einzelnen Ausgaben geben unterschiedliche Interpretations-
hinweise: In der Henle-Ausgabe ist das p stets bereits am Anfang
des Taktes, in der Joachim-Ausgabe einmal am Anfang und beim
zweiten und dritten Mal erst auf dem zweiten Achtel. Auch der
Erstdruck enthält verschiedene Bezeichnungen; so **Takt 7** sogar
zwei p, eines am Anfang des Taktes für die linke Hand und für die
rechte nochmals ein p auf dem zweiten Achtel. In den **Takten 119**
und **123** hingegen ist das p ganz deutlich auf dem zweiten Achtel,
also erst für die rechte Hand, angegeben. Im Manuskript sind die p
sehr ungenau notiert; somit ist die Interpretation dieser Stellen
eine Frage der Auslegung. Für mich steht außer Frage, den Anfang der **Takte 7, 119** und **123** trotz des f der Geige im p beginnen
zu lassen. **Takt 3** zeigt ein cresc. zum f, das in **Takt 7, 119** und **123**
fehlt und ersetzt werden müßte. Beethoven schreibt sehr oft die
Dynamik nur für eine Stimme, meint damit aber eine analoge Anwendung für die anderen Stimmen. Ich denke hier zum Beispiel an
die Violinromanze F-Dur op. 50, wo in den **Takten 69–71** nur im
Horn eine dynamische Angabe steht, das heißt erstmals ein fp, im
nächsten Takt dann ein f und schließlich im darauffolgenden Takt
sogar ein ff. Es ist kaum anzunehmen, daß alle anderen Instrumente sowie die Solo-Geige davon völlig unberührt bleiben sollen.
Deshalb hätte sich in den oben erwähnten **Takten 12** und **128** das
Klavier nach den Angaben für die Violine zu richten, also zuerst
ein cresc. mit dem darauffolgenden p sub.

Auch in **Takt 17** steht im Erstdruck ein cresc. in der Geigenstimme, aber entsprechend dem Manuskript und der Parallelstelle
(Takt 135) dürfte das erst in **Takt 19** angewendet werden. Das sowohl im Manuskript wie auch im Erstdruck fehlende cresc. in
Takt 19 muß ebenfalls ersetzt werden. Ich glaube aber nicht, daß
dieses cresc. ab **Takt 19** wirklich über ganze dreizehn Takte zu
Takt 32 führen kann. In der analogen Stelle der Reprise wäre es
dagegen denkbar, da es sich nur um fünf Takte handelt. Entsprechend der Reprise sollte das neue cresc. erst wieder in **Takt 28** beginnen, daher ist für mich das erste cresc. durch das sfz in **Takt 21**

arretiert. Die sfz in den **Takten 21, 23** und **25** ausgenommen, glaube ich hier mehr an ein fast durchgehendes Piano. Von **Takt 28** an schlage ich über vier Takte ein cresc. vor, wie aus **Takt 136** ersichtlich wird. **Takte 28** und **30** sowie **136** und **138** können in der Geige springend ausgeführt werden. Die Triller in den **Takten 28–31** und **136–139** sind für mich ohne Nachschlag nicht überzeugend; andererseits ist das Grundtempo doch so schnell, daß ein ausgedehnter Triller plus Nachschlag sehr in Frage gestellt scheint, daher lieber ein Mordent:

Die angegebene Dynamik **Takte 35–40** unterscheidet sich gewiß unabsichtlich von der in den **Takten 143–148**. Mir scheint eine Angleichung im ersten Fall an **Takte 143–148** musikalisch überzeugend und empfehlenswert, also **Takte 35–36** nur p und ab **Takt 37** pp.

Das f in den **Takten 50** und **158** sollten beide Spieler nicht antizipieren, sondern ebenfalls plötzlich, als subito, eintreten lassen. Besonders Pianisten neigen dazu, schon den Auftakt laut zu spielen. Der Triller der Geige **Takte 49** und **157** ist ähnlich auszuführen wie **Takt 28:**

In den **Takten 55–56** fehlen im Manuskript wie auch im Erstdruck die sfz im Klavier. Daß diese ersetzt werden müssen, geht aus der Bezeichnung der **Takte 163–164** im Erstdruck hervor.

Die Punkte über den letzten Vierteln **Takte 57–60** und **165–168** sind wieder Verkürzungen der Notenwerte und wären in meiner Orthographie außerhalb des Bindebogens notiert. Das sfp **Takte 67** und **175** ist durchaus ernst zu nehmen, wenngleich nicht ganz leicht auszuführen. Auch die letzten Achtel der **Takte 67–68** und **175–176** im Klavier sind durch die Punkte verkürzt zu verstehen. Die sfz der Geige **Takte 69, 73, 177** und **181** sind meines Erachtens weich und gesanglich als Übernahme der letzten Note des Klaviers aufzufassen, also kein scharf attackierendes sfz. Neben diesen sfz bleiben beide Instrumente bis zum dritten Achtel **Takte 77** und **185** im Piano.

In den **Takten 80** und **188** befürworte ich einen Nachschlag nach

dem Triller der Violine. Wie ungenau bei Beethoven die Nachschläge notiert sind, beweisen die **Takte 92–103** und **191–196.**
Manchmal sind diese ausgeschrieben, und an anderen Stellen fehlen sie gänzlich. Selbst im Erstdruck verhält es sich ähnlich. Sicher
ist jedoch, daß die Nachschläge, notiert oder nicht, für die ganze
Stelle gelten. Das cresc. in der Prima Volta bis zum Ende und mit
dem darauffolgenden p sub. in **Takt 1** bei der Wiederholung ist
wirklich sehr schwer auszuführen, und eine winzige Pause vor dem
sub. ist kaum zu vermeiden. Im Gegensatz zu so manchen Ungenauigkeiten schien es Beethoven wesentlich, die Dynamik der
Takte 91–103 äußerst genau anzugeben. Der Geiger hüte sich,
alle Triller mit einem sfz zu versehen; dies sollte ausschließlich
dort geschehen, wo es angegeben ist, und der Pianist darf trotz des
wiederholt angegebenen p keinesfalls ein cresc. in den **Takten
93–94, 97–98** und **101–102** anbringen. Die cresc. wirklich nur
dort, wo gewünscht, also **Takte 91–92, 95–96** und **99–100.**
Die linke Hand des Klaviers poltert allzuoft in den **Takten
108–113,** trotz des absolut zwingenden und wirklich notwendigen
pp. Diese Stelle hat fast symphonischen Charakter und würde im
Orchester möglicherweise von den Celli ausgeführt. Sie erhält gerade durch das pp das beabsichtigte Gespenstische.

Zweiter Satz: Tempo di Minuetto ma molto moderato e grazioso

Ich verweise auf meine Einführung zu dieser Sonate und ganz speziell zum zweiten Satz.
Bereits im Hauptthema treten einige Schwierigkeiten auf, so
das Problem der Vor- und Nachschläge. In **Takt 3** stellt sich
die Frage, ob der Triller einen Nachschlag haben sollte oder
nicht. Weder im Autograph noch im Erstdruck ist ein Nachschlag notiert; im Manuskript fehlt der Nachschlag im Thema
immer wie auch im **Takt 6,** während er im Erstdruck jedesmal
anzutreffen ist. Ist der Vorschlag in **Takt 5** kurz oder lang zu
spielen? Im Manuskript ist dieser in den Wiederholungen
manchmal als Sechzehntel, manchmal als Achtel notiert, gelegentlich überhaupt weggelassen. Mich kann eine Anhäufung

von sehr kurzen Noten und ornamentalem Beiwerk in kurzem
Zeitraum nicht überzeugen:

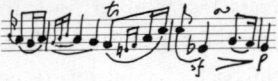

Ich würde also in **Takt 5** gleichmäßige Sechzehntel spielen:

und selbstverständlich bei Wiederholungen dieses Hauptthemas
im Klavier wie in der Violine dabei bleiben. Ich glaube also an folgende Version:

Die soeben erwähnte Selbstverständlichkeit der Angleichung von
Ornamenten in beiden Instrumenten wurde in früheren Zeiten
nicht ganz so ernst genommen. Es gibt eine bemerkenswerte
Schallplattenaufnahme dieser Sonate von Fritz Kreisler und Sergej Rachmaninow, die für die heutige Auffassung in vieler Hinsicht zwar amüsant, aber nicht mehr akzeptabel ist. Rachmaninow
spielt im Hauptthema in **Takt 3** einen Nachschlag zum Triller und
den Vorschlag in **Takt 5** lang:

Kreisler hingegen macht keinen Nachschlag in **Takt 11,** spielt aber
den Vorschlag in **Takt 13** kurz:

Diese voneinander abweichende Interpretation wird von beiden
Künstlern im ganzen Satz kompromißlos durchgeführt. Entweder
haben sie diese Divergenz gar nicht bemerkt (was ich kaum an-
nehme), oder sie einigten sich auf den charmanten englischen
Grundsatz: »We agree to disagree« (wir einigen uns auf die Un-
einigkeit).
Darüber hinaus sind besonders hinsichtlich Dynamik und Agogik
die Freiheiten beider Ausführenden nicht zu überbieten. Es wer-

den recht oft dim. angebracht, und zwar an Stellen, wo Beethoven
ausdrücklich ein cresc. vorschreibt. Endungen von Phrasen werden meistens mit einem dicken rit. versehen, wobei Kreisler sich
nicht scheut, auf dem Mordent im letzten Takt des Themas sein
elegant-typisches Portato anzuwenden. Alles in allem sind die angeführten Beispiele sicherlich nicht das Resultat eines schlechten
Geschmacks, sondern die Widerspiegelung eines Zeitgeistes, den
festzustellen für uns von historischem Interesse ist.

Die Vorschläge in den **Takten 19** und **23–27** sind meines Erachtens kurz zu verstehen. Ob das cresc. vom pp in den **Takten 29, 50,
119** und **140** wirklich nur zum p des nächsten Taktes ausgeführt
werden soll, ist zumindest zweifelhaft. Es ist durchaus möglich –
und ich glaube an diese Möglichkeit –, daß das cresc. über das zu
erreichende p hinausgeht, so daß der nächste Takt eigentlich ein
p sub. darstellt.

Die auffallend gegensätzliche Dynamik in beiden Instrumenten
am Anfang der **Takte 28, 49, 118** und **139** ist sowohl im Manuskript wie auch im Erstdruck unmißverständlich angezeigt. Es
handelt sich also um einen beabsichtigten und auch verständlichen
Wunsch Beethovens, woran man sich unbedingt zu halten hat. Neben vielen anderen Verdiensten der Henle-Ausgabe finden wir
einen dankenswerten Hinweis, daß in sehr vielen anderen Ausgaben dieser Sonate in den **Takten 40–41** und **130–131** ein G im
Klavier hinzugefügt wurde, das nicht dem Manuskript oder der
Erstausgabe entspricht. Es heißt also:

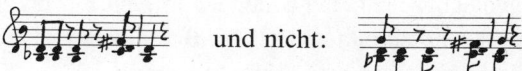

und nicht:

Der burleske Einfall der sfz in der linken Hand des Klaviers in den
Takten 59–65 und in der Wiederholung, den **Takten 149–155,**
wird sehr oft untertrieben, gemildert oder ignoriert, doch gibt gerade der offensichtlich beabsichtigte Gegensatz des selig darüber
schwebenden Geigenthemas dieser Stelle ihren besonderen Reiz.
Den Vorschlag in den **Takten 61, 69, 151** und **159** verstehe ich
kurz, das heißt bewußt gegensätzlich zu den nächsten Takten auszuführen:

Für den Geiger empfehle ich in **Takt 74** ein ziemlich großes cresc. in einem weichen Martelé, aber er sollte das darauffolgende pp sub. darüber nicht vernachlässigen. Ob nun das cresc. in **Takt 76** nur eine Entwicklung vom pp zum p darstellen soll oder ob das p in **Takt 78** wiederum als ein p sub. aufzufassen ist, bleibt sicherlich Ansichtssache. Aus meiner Sicht der Eigenarten Beethovens neige ich eher zu einer vorherigen Steigerung des Volumens, dem ich ein p sub. folgen lasse. Im Geigenpart in den **Takten 78–85** einen Kontrast durch verschiedenartige Stricharten zu schaffen scheint mir besonders reizvoll. Für **Takt 78** verwende ich wiederum einen weichen Martelé, ähnlich wie in **Takt 74,** und ab **Takt 79** ein nicht zu kurzes Spiccato. Ebenfalls umstritten ist die Länge des Vorschlags in den **Takten 76** und **80.** Wenngleich Beethovens Notation der Vorschläge nicht annähernd so genau war wie die von Mozart, so ist doch auffallend, daß hier der Vorschlag als Achtel und nicht – wie so oft – als Sechzehntel geschrieben wurde. Daher besteht die Möglichkeit dieser Ausführung:

Ich selbst bevorzuge allerdings den kurzen Vorschlag.

Das im Klavierpart **Takte 176–177** durch graduelle Sechzehntel, Achteltriolen und Achtel rhythmisch ausgeschriebene rit. wäre bei genauer Einhaltung des Rhythmus allzu pedantisch, daher empfehle ich unmerkliche Übergänge.

Die sehr genau bezeichnete Dynamik von **Takt 172** bis zum Ende des Satzes ist sehr charakteristisch für Beethoven und müßte dem Zuhörer fast überspitzt nahegebracht werden.

Wie üblich sind Verkürzungen der mit Punkten versehenen Viertel in den **Takten 191–195** angebracht. Das ab **Takt 193** durch das cresc. beeinflußte, oft zu hörende accel. ist eine Unbeherrschtheit, die es zu vermeiden gilt, jedoch ist ein winziges Calando in den letzten beiden Takten fast unvermeidlich.

Dieser Satz ist mit dem ersten Viertel des **Taktes 190** im Grunde zu Ende, und die Fortsetzung ist nur ein Epilog.

Dritter Satz: Allegro vivace

Der »Dudelsack«-Effekt, wie Béla Bartók und andere diesen Rondosatz umschrieben, gewinnt seine besondere Attraktivität durch das verspielte, humoristische und virtuose Element. Es muß mit dem vom Komponisten noch besonders vermerkten »leggiermente«, also mit Anmut und Leichtigkeit, vorgetragen werden.

Auf die hier sehr genau angegebene Phrasierung sei ausdrücklich hingewiesen, so im Hauptthema mit dem beabsichtigten Gegensatz von getrennten und gebundenen Sechzehnteln, die es in der Ausführung zu verdeutlichen gilt. Für den Geiger ist dies weniger problematisch als für den Pianisten, zumal die separaten Noten der Geigenstimme im Springbogen (Sautillé) sehr elegant und eben verkürzt erklingen können, jedoch sind Staccato-Noten in großer Geschwindigkeit auf dem Klavier schwer zu realisieren. Joseph Szigetis Vorschlag, dem Geiger die Strichart und den Saitenwechsel im Rondothema durch einen ziemlich kniffligen Fingersatz zu erleichtern, halte ich für unnötig. Er rät (oberer Fingersatz von Szigeti, unterer von mir):

Das A am Ende des ersten und dritten Taktes des Themas spiele ich mit verschiedenen Fingersätzen, das erste Mal auf der leeren Saite und das zweite Mal wegen des natürlichen Saitenwechsels mit dem vierten Finger. Die Nachschläge der vielen Triller sind in diesem Satz sehr flüchtig und ungenau angegeben. Auch gibt es leichte Unterschiede zwischen Manuskript und Erstausgabe, aber man kann mit fast an Sicherheit grenzender Wahrscheinlichkeit annehmen, daß beinahe alle Triller einen Nachschlag haben sollten. Vielleicht sind die einzigen Ausnahmen die beiden Triller in den **Takten 61** und **63** im Klavier, die ohne Nachschlag zumindest denkbar sind. Die meisten Triller mit Nachschlag sind in einem rasanten Tempo wohl am günstigsten so auszuführen:

Bei dieser Figur ist dem Geiger zu raten, die ersten drei Achtel mit drei wiederholten Aufstrichen, aber springend, auszuführen. Alle in diesem Satz vorkommenden Vorschläge sind ohne Zweifel kurz gemeint. In den **Takten 20–24** stelle man klar, welches der beiden Instrumente die Oberstimme beziehungsweise die Unterstimme hat. Daher mein Vorschlag:

Allerdings in den **Takten 28–32** genau umgekehrt verteilt.

Der Triller am Ende der **Takte 25, 27, 33** und **35** ebenfalls:

Das Seitenthema, das mit dem Auftakt **Takt 56** beginnt, kann man – um den fast österreichisch anmutenden Charakter zu unterstreichen – ein klein wenig langsamer nehmen als das Grundtempo des Satzes. Alle sfz in den **Takten 92–100** annullieren das vorherrschende p nicht, und mit der Beachtung dieser Dynamik erzielt man eine um so größere Wirkung, als der plötzliche ff-Ausbruch in **Takt 101** wirklich unvorbereitet eintritt. Dieses ff ist trotz der vielen sf in der Geigenstimme unvermindert bis **Takt 123** durchzuhalten.

Auch die detaillierten dynamischen Angaben in den **Takten 123–141** müßten peinlichst befolgt werden, denn sie sind von einer raffinierten Feinheit, interessant und durchdacht gestaltet.

Ein nicht ganz leicht auszuführendes p sub. finden wir in **Takt 165;** für beide Instrumente ist eine ganz kurze Zäsur aus technischen wie akustischen Gründen empfehlenswert, obwohl der Geiger vom f-Détaché in ein p-Sautillé eine etwas leichtere Aufgabe hat.

Den von Szigeti erfundenen – und von Bartók mit Entzücken aufgenommenen – unkonventionellen Fingersatz in den **Takten**

167–174 finde ich ganz hervorragend, obwohl nicht leicht auszuführen:

verrückt, aber prachtvoll!

Takt 175 bevorzuge ich ohne jedes rit. bis zur Fermate. Die nun überraschende und geniale Modulation nach Es-Dur entzückt mich jedesmal aufs neue, und sie verfehlt auch nie ihre Wirkung auf den Zuhörer. Die anfängliche Phrasierung ist hier leicht abgeändert; wo vorher immer eine Bindung über vier Noten unmißverständlich erwartet wird, stehen hier in den **Takten 181, 183, 185** und **187** die Bindungen nur über zwei Noten.

Die bizarr anmutende Dynamik in den **Takten 192–202** grenzt technisch fast ans Unmögliche. Wenn auch grotesk und humoristisch, ist sie durchaus sinnvoll und absolut ausführbar. Alle Triller auch hier mit Nachschlägen. Wir finden in allen Ausgaben, den Erstdruck eingeschlossen, ein p auf dem ersten Achtel des **Taktes 202** im Klavier. Dies ist nicht wirklich einleuchtend, denn im Autograph steht es zwischen dem ersten und zweiten Achtel; demzufolge glaube ich, man könnte das p erst mit dem zweiten Achtel beginnen.

Die Übernahme des nachschlagenden Achtels der Oktave D vom Klavier in **Takt 206** sollte vom Geiger in der Länge (oder besser gesagt in der Kürze) dem Klavier angeglichen werden.

Das cresc. **Takt 218** ist sehr wirksam, wenn es fast im pp beginnt. Ich würde das Tempo bis zum Schluß ohne jegliches Ritardando durchhalten, was dem Charakter dieses Satzes und seinem triumphalen Ende durchaus entspricht.

Sonate Nr. 9 A-Dur op. 47
(Kreutzer-Sonate)

Rodolphe Kreutzer gewidmet
Manuskript verschollen (der erste Teil des ersten Satzes
wurde vor einigen Jahren gefunden und ist im Beethoven-
Archiv in Bonn)
Komponiert 1802/03
Erstausgabe April 1805:
»Sonata / per il Piano-forte ed un Violino obligato, / scritta
in uno stile molto concertante, / quasi come d'un concerto. /
Composta e dedicata al suo amico / R. Kreuzer. / Membro
del Conservatorio di Musica in Parigi / Primo Violino
dell'Academia delle Arti, e della Camera imperiale. / per /
L. van Beethoven. / Opera 47. / À Bonn chez N. Simrock.«

Einführung

Diese Sonate nimmt – nicht nur innerhalb der Werke Beethovens
– einen ganz besonderen Platz ein. Ein Konzert für nur zwei Instrumente, das heißt ohne Hinzuziehung noch anderer Instrumente, steht in der Musikliteratur vereinzelt da. Es gibt zwar andere
Werke wie das jugendliche Konzert für Violine und Klavier von
Felix Mendelssohn-Bartholdy, das aber eine Orchesterbegleitung
hat. Ich denke auch an das Kammerkonzert von Alban Berg, das
noch Bläser hinzuzieht, oder an das Concert von Ernest Chausson,
das sich neben Solo-Geige und -Klavier eines Streichquartetts be-
dient. Es gibt auch Duos für homogene oder heterogene Instrumente, aber ein Konzert für zwei Solo-Instrumente ohne Orchester bildet eine Ausnahme. Die Kreutzer-Sonate sprengt viele Gesetze einer kammermusikalischen Sonate, und die Tatsache, daß
es sich um ein Konzert handelt, beruht schon auf Beethovens Ori-
ginaltitel: »Sonata per il Piano-forte ed un Violine obligato, scritta
in uno stile molto concertante, quasi come d'un concerto.«
Zudem steht in der Erstausgabe vor der Violin- wie der Klavier-

stimme der Vermerk »Grande Sonate«. Das Werk war ursprünglich dem mulattischen Geiger George Augustus Polgreen Bridgetower gewidmet, der zur Zeit Beethovens ein angesehener Violinist war. Später, aufgrund eines Streits, angeblich wegen eines
Mädchens, wurde diese Widmung zugunsten Rodolphe Kreutzers
abgeändert, der allerdings Beethovens Werke verabscheute.
Kreutzer würdigte diese Zuneigung in keiner Weise, und er hat das
Werk auch nie zur Aufführung gebracht. Hector Berlioz schreibt
in seinem »Voyage musical en Allemagne et Italie« (Paris 1844):
»C'est à Kreutzer que Beethoven venait de dédier l'une des plus
sublimes Sonates pour Pianoforte et Violon; il faut convenir que
l'hommage était bien adressé. Aussi le célèbre Violon ne put-il
jamais se décider à jouer cette composition outrageusement in-
intelligible.« Widmungsänderungen kamen bei Beethoven öfter
vor − ich erinnere nur an das bekannte Beispiel der dritten
Symphonie op. 55, der »Eroica«.
Es sei hier aber noch wörtlich auf die ursprünglich scherzhafte Dedikation an Bridgetower hingewiesen, die sich aber nur im neu
aufgefundenen ersten Teil des Manuskripts befindet: »Sonata mu-
lattica composta per il Mulatto Brischdauer gran pazzo e composi-
tore mulattico.« Bediente sich Beethoven einer Fremdsprache,

finden wir öfter orthographische Fehler, so etwa im Italienischen. Hier buchstabierte er den Namen Bridgetower ungefähr nach seiner deutschen Aussprache.

Die Uraufführung dieses Werkes fand angeblich am 24. Mai 1803, von Beethoven und Bridgetower selbst gespielt, statt.

Ich möchte noch darauf hinweisen, daß der Schlußsatz der Kreutzer-Sonate ursprünglich als letzter Satz für die Sonate op. 30 Nr. 1 geplant war. Mit dem Austausch dieses Satzes (ebenfalls in A-Dur) hat Beethoven eine verständliche Balance zum ersten Satz der Kreutzer-Sonate geschaffen.

Die Feststellung, daß Beethoven diese Sonaten nicht für »Violine und Klavier«, sondern für »Klavier und Violine« bestimmt hat, das heißt mit der Nennung des Klaviers an erster Stelle, mag der Eitelkeit der Geiger kaum schmeicheln, obschon sich diese Begriffe gelegentlich zu überschneiden scheinen, denn aus den Titeln des Manuskripts und der Originalausgabe zur Kreutzer-Sonate geht deutlich hervor, daß Beethoven (vielleicht sogar in erster Linie) an den Geiger gedacht hat. Schließlich galten beide Dedikationen Geigern: Bridgetower und Kreutzer.

Erster Satz: Adagio sostenuto – Presto

Die Ausdrucksbezeichnung »sostenuto« fehlt im Manuskript.

Für die meisten Geiger scheint dieser unbegleitete Anfang ein Alptraum zu sein. Hier verlangt ein interpretativ wirklich überzeugendes Spiel eine enorme Konzentration und innere Ruhe, die – wie ein Prolog – unmittelbar ein großes Werk ankündigt, ja, die nötige Atmosphäre gleich mit dem ersten Akkord verkünden muß. Nun gibt es schon in **Takt 2** Probleme der Stimmführung. Die Originalbindungen sind zwar nur als Phrasierung zu betrachten, denn das Durchhalten der taktweisen Bindungen ohne Bogenwechsel gäbe schwer lösbare klangliche Probleme auf. Wollte also der Geiger einen einigermaßen normalen Fingersatz und Bogenstrich nehmen, wäre die Stimmführung im zweiten Takt irreführend so:

Ein Ausweg wäre, diesen zweiten Takt sofort auf der D- und G-Saite, also in der fünften Lage, anzufangen, was klanglich meist recht unbefriedigend ausfällt. Es gibt drei Lösungen:

Alle drei Versionen bedingen Bogenteilungen, die den Gesamtcharakter der Phrasierung durchaus nicht beeinträchtigen müssen, vorausgesetzt, der Geiger beherrscht einen guten, das heißt unhörbaren Bogenwechsel.

Der erste Akkord wird am günstigsten gebrochen, indem zuerst die G- und D-Saite allein gespielt werden, denn in der Fortsetzung handelt es sich lediglich um eine Zweistimmigkeit. Außerdem muß ein sehr langsames Tempo gewählt werden, damit tatsächlich nur auf dem ersten Viertel ein großes f mit einem dim. gespielt werden kann. Die Brechungen der Akkorde in den **Takten 3−4** können entweder zwei zu zwei oder auch eins zu zwei ausgeführt werden. Um die Akkorde im p zu halten, sind Brechungen leider unvermeidlich.

Ich betrachte es als undiszipliniert, ja sogar als unmusikalisch, wenn Pianisten ab **Takt 5** in einem völlig anderen Tempo einsetzen als zuvor der Geiger. Man einige sich vorher auf das gemeinsame Tempo, und schlägt der Geiger aus Laune oder Nervosität ein anderes als das vereinbarte Tempo ein, kann der Pianist nicht mit »erhobenem Zeigefinger« belehrend andeuten: »So muß es sein!« Darüber hinaus kommt der Einsatz des Klaviers in eben diesem Takt oft zu früh und überstürzt. Gerade die Pause zwischen Beendigung der Geigenphrase und Einsatz des Klaviers ist von vielsagender Bedeutung. Wie leicht kann die Atmosphäre dieses Prologs gleich am Anfang gestört werden!

Der Wechsel des führenden Instruments zum anderen in den **Takten 8–11** muß sehr genau vor sich gehen; die abfallende Phrasierung des Klaviers in den **Takten 8** und **10** mit einem dim. zu versehen ist ebenso notwendig wie der fast unhörbare Einsatz der Geige. Ein gut verteiltes Crescendo beider Instrumente ist schon deswegen anzuraten, weil speziell Geiger gern den ersten Akkord bereits ff ausführen. Obwohl im Geigenpart der Akkord **Takt 9** vierstimmig bis zum Ende notiert ist, kann man nur das C auf der A-Saite ebenso lang halten wie die Hauptstimme auf der E-Saite.

Übrigens weist das Manuskript nur ganz wenige dynamische Bezeichnungen in der Adagio-Introduktion auf, die im Erstdruck in der uns bekannten Form offenbar später nachgetragen wurden. Dazu gehört auch in der Klavierstimme der Punkt auf dem ersten Achtel **Takte 14–17**, der in der Violinstimme fehlt. Ich bin der Ansicht, daß die Verkürzung des Notenwertes dieser Achtel durch Punktbezeichnung auch für die Geige Geltung hat, so daß für beide Instrumente praktisch auch das erste Achtel jedes der erwähnten Takte (wie alle übrigen Noten) ein Sechzehntel ist. In **Takt 17** sollte das decresc. der Geige erst auf dem etwas gedehnten letzten Sechzehntel gemacht werden und nicht schon vorher.

Am Schluß der Introduktion hört man die Geige oft nicht mehr; das A im Klavier muß jedoch mit dem F der Violine als Terz gemeinsam verklingen und auch gleichzeitig enden. Hierzu ist eine geplante Bogenteilung notwendig.

Am Anfang des Prestos kann der Geiger entweder ein Martelé an der Spitze des Bogens oder auch ein Spiccato (Wurfbogen) am Frosch spielen. Ich selbst bevorzuge Martelé, eine Strichart, die – wie bereits erwähnt – mehr und mehr außer Mode gerät. Auf jeden Fall wäre es günstig für den Geiger, einen Fingersatz zu wählen, der zur Verdeutlichung der Zweistimmigkeit das zweite und dritte Viertel der **Takte 20–24** und **31–33** auf einer tieferen Saite ermöglicht.

In **Takt 26** sind die Notenwerte im Manuskript anders angegeben als im Erstdruck. Im Manuskript steht:

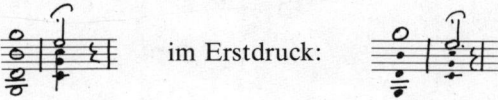

Es ist bei normalem Fingersatz unumgänglich, das mit einer Fermate versehene E auf der leeren Saite auszuführen. Bei den zwei vorhergehenden Takten wird natürlicherweise vibriert, so daß die leere E-Saite plötzlich ohne Vibrato keine klangliche Fortsetzung erfährt und bei den allgemein üblichen Stahlsaiten auch eine nicht ganz angenehme Schärfe mit sich bringt.

Ich selbst wähle daher einen Fingersatz, der die Version des Erstdrucks getreuer wiedergibt:

da die Akkordbrechung und die Verkürzung der drei unteren Noten aus Beethovens Notierung klar hervorgehen. Selbst im Erstdruck wird diese Notation in der Reprise in den **Takten 351–352** und **357** deutlich benutzt:

Der Geiger sollte sich bewußt bleiben, daß er zwar in den **Takten 19–27** die führende Stimme hat, **Takte 28–36** aber dem Klavier gewidmet sind; die Geige spielt hier die Unterstimme. Die Klavierkadenz **Takt 36** ist durchaus frei zu gestalten. Ich halte die Gewohnheit mancher Pianisten, das letzte C im Baß sehr spät zu bringen, für falsch; unter der mit einer Fermate versehenen Note E in der rechten Hand ist im Baß nur eine Achtelpause, und die Fermate in der linken Hand ist nicht auf der Pause, sondern auf dem Achtel C.

Interessehalber sei hier noch darauf hingewiesen, daß im Manuskript das Arpeggio der Kadenz nicht ausgeschrieben ist, sie enthält lediglich den Akkord:

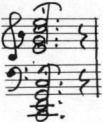

Die Bindebogen der Geigenstimme sind im Manuskript, in der Originalausgabe und in späteren Ausgaben ganz unterschiedlich. Im Erstdruck beginnt die Bindung mit dem Auftakt zu **Takt 37** und hört erst wieder mit **Takt 41** auf:

Erstdruck:

Manuskript:

Joachim:

Henle:

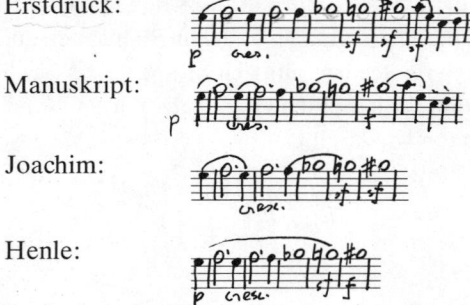

Mir leuchtet die Phrasierung des Manuskripts besonders ein, da sie einerseits den Anfang des Prestos gleichsam fortsetzt, andererseits auch in den **Takten 335–344** eine weitere Bestätigung erfährt.

Die Dynamik **Takte 45** und **366** gab in allen Ausgaben Anlaß zu den verschiedensten Auslegungen. Joseph Joachim schreibt in **Takt 45** das p auf die erste Taktnote, hingegen in **Takt 366** erst auf das zweite Achtel. Bei Henle ist das p beide Male am Taktanfang, jedoch nur im Klavierauszug. Im separaten Geigenpart ist das p das erste Mal auf dem ersten und in **Takt 366** auf dem zweiten Achtel. Der Erstdruck weist in der Klavierstimme das p am Anfang von **Takt 45** auf, hingegen in **Takt 366** erst auf dem zweiten Achtel. Im selben Erstdruck finden wir in der separaten Geigenstimme das p beide Male erst auf dem zweiten Achtel.

Andere Interpreten ersannen noch weitere Möglichkeiten! Ich bevorzuge das p erst auf dem zweiten Achtel.

Eine dynamische Differenzierung beider Instrumente **Takte 45–60** sowie **366–381** scheint mir unerläßlich, denn alle zwei Takte verlagert sich das Hauptgewicht von einem Instrument zum anderen. Hier ist die Aufteilung in eine führende und eine begleitende Stimme deutlich abzugrenzen. Für den Geiger stellt sich die Frage, ob er diese Takte springend (Sautillé) oder Détaché ausführen möchte. Die deutliche Trennung der Achtel, die sich aus einem Springbogen ergibt, kann vom Klavier in der geforderten Geschwindigkeit kaum ausgeführt werden. Obwohl eine springende Ausführung der Achtel reizvoll ist, muß der persönliche Geschmack entscheiden, ob man die Länge der Achtel analog oder im Gegensatz zum Klavier ausführen will. Das Manuskript enthält fast keine dynamischen Angaben, auch die Ornamentik ist meist ausgelassen. Im Erstdruck hingegen finden sich diesbezüglich recht genaue Angaben.

Die vielen sf ab **Takt 61** und ab **Takt 382** in beiden Stimmen sind genau zu befolgen, aber es dürfen auch keine hinzugefügt werden.

Wie lassen sich die f-Akkorde von jenen, die darüber hinaus noch mit sfz bezeichnet sind, unterscheiden? Ich schlage vor, diese sfz-Akkorde etwas länger auszuhalten als die übrigen.

Wie bereits erwähnt, stehen im Manuskript in den **Takten 75–76** und **79–80** keine Nachschläge, aber im Erstdruck sind sie, mit einer einzigen Ausnahme, angegeben. Von den Parallelstellen **Takte 396–397** und **400–401** läßt sich nur sagen, daß die Nachschläge im Erstdruck ebenfalls vermerkt sind, doch ist eine Kontrolle im Manuskript leider nicht möglich, weil der zweite Teil fehlt. Die Phrasierung im Manuskript unterscheidet sich allerdings von der in der Erstausgabe.

Im Manuskript:

Im Erstdruck:

In den meisten Ausgaben wird folgendes empfohlen:

Ich selbst binde die Nachschläge an die Triller, benutze aber einen neuen Strich für das darauffolgende Viertel.

Die Geigen-sfz in den **Takten 81–88** lassen sich in den ersten vier Takten durch Hinzuziehung der leeren E-Saite beträchtlich verstärken:

Der letzte Takt vor dem lyrischen Seitenthema **(Takte 90** und **411)** weist im Klavier eine sehr interessante und von den meisten Pianisten übersehene Variante auf. Beim zweiten Mal, also **Takt 411,** muß das E in der linken Hand – im Gegensatz zur ersten Stelle – noch einmal angeschlagen werden:

Takte 89–90:

Takte 410–411:

Die Frage, ob in den **Takten 95** und **416** der Mordent im Geigenpart ebenfalls wie im Klavier einen Halbton nach unten (wie zum Beispiel bei Joachim vermerkt) oder, als Gegensatz, einen Ganzton enthalten soll, bleibt wohl ein ewiger Streitpunkt. Zu beachten ist jedenfalls, daß die Geige dieses Thema beide Male in Dur zu spielen hat, das Klavier aber in Moll. Außerdem fehlen im sehr skizzenhaft gehaltenen Manuskript die Mordente überhaupt, aber in der separaten Violinstimme der Erstausgabe steht erstmals in

Takt 95:   und in **Takt 416:**

Das Kreuz über und unter dem Mordent muß wohl ein Druckfehler sein, denn es ist unmöglich, folgendes gemeint zu haben:

Ist es aber als Doppelkreuz gemeint, würde es so aussehen:

also doch nur Halbton. Dazu kommt das Kreuz über dem Mordent **Takt 416.** Damit kann kein Dis beabsichtigt sein:

Derartige Bezeichnungen sind bei Beethoven stets ungenau, denn er hat sich nicht damit aufgehalten, den Unterschied zwischen einem Kreuz über oder unter einem Mordent oder Triller anzugeben. Bleibt also wiederum die Möglichkeit eines Halbtons nach unten, nämlich His:

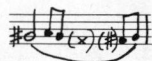

Eine Autorität wie Josef Schmidt-Görg ist (in einem Brief an Günter Henle) überzeugt, daß es sich in beiden Fällen um einen Ganztonschritt handeln muß, während ich aus den oben erwähnten Gründen immer noch Zweifel hege. Ich stelle diesen Streitpunkt hier nur zur Diskussion, ohne mit unwiderleglicher Gewißheit den einen oder anderen Standpunkt vertreten zu wollen.

Den Mordent selbst würde ich weder im Klavier noch in der Geige rhythmisch in gewohnter Weise ausführen:

denn Beethoven hätte ihn ebenso ausschreiben können, abgesehen davon, daß er doch pedantisch, trocken und nicht mehr als Ornament zu betrachten ist (zweite Takthälfte besser als Quintole). Das cresc. im Klavier **Takte 115** und **436** ist natürlich utopisch und nur als Ausdrucksbezeichnung zu werten. Um aber diesem Gedanken doch mehr Realität zu verleihen, wären einige Details in Betracht zu ziehen: Der Geiger sollte jedenfalls ein richtiges cresc. mit darauffolgendem p sub. spielen, der Pianist sollte seinerseits **Takte 115** und **436** nicht allzu leise anschlagen und das Arpeggio im nächsten Takt wirklich fast pp spielen. Weiterhin ist zu überlegen, ob der Pianist das Arpeggio links und rechts gleichzeitig beginnen soll oder von unten nach oben durchgehend. Desgleichen stellt sich die Frage: Soll der Geiger das p sub. gleichzeitig mit der ersten Baßnote des Klaviers beginnen oder mit seinem Einsatz auf die oberste Note des Arpeggios warten? Meiner Ansicht nach gehört der Einsatz der Geige in den **Takten 116** und **437** auf die erste Baßnote des Arpeggios im Klavier. Obschon die Dynamik in den **Takten 120** und **441** im Klavier – sowohl im Erstdruck wie auch in verschiedenen späteren Ausgaben – sehr widersprüchlich ist, schließe ich mich der Ansicht des Henle-Herausgebers, Sieghard Brandenburg, an, der das p erst – analog zum Geigenpart – auf dem letzten Viertel beginnen läßt. Im Erstdruck ist in **Takt 120** das p auf dem dritten Viertel angegeben, und in der Parallelstelle steht es erst in **Takt 442.** Bei Joachim beispielsweise finden sich diese p schon auf dem zweiten Viertel. In Beethovens Handschrift fehlt hier wieder ein Hinweis.

Ich möchte auf die rhythmische Verschiedenheit der Geigenstimme **Takte 129–130** und **450–451** hinweisen: das erste Mal mit Pausen, das zweite Mal ohne. Diesen Unterschied betrachte ich nicht als eine Schlamperei, gerade weil er auch im Klavierpart **Takte 133–134** und **454–455** besteht!

Um den Auftakt des Klaviers in den **Takten 143** und **464** deutlich zu machen, ist ein winziges Rallentando empfehlenswert. Die linke Hand des Klaviers wird in diesem Thema **(Takte 144** und **465)** oft zu weich, ja sogar manchmal pedalisiert gespielt. Dem Charakter entsprechend wäre ein hartes, prägnantes und sehr rhythmisches Staccato eher angebracht.

Die pizz. in den **Takten 149–155** und **469–476** sind möglichst kräftig zu spielen. Bei den Trillern **Takte 151, 163, 217, 221, 224–225, 472** und **484** halte ich einen Nachschlag für notwendig. In den **Takten 147, 159, 197, 205, 213, 228, 232, 236, 261, 468** und **480** pflege ich alle Viertel zu verkürzen, ob notiert oder nicht. In diesem Zusammenhang möchte ich bei dem Seitenthema **Takt 144** und seinen verschiedenen Wiederholungen auf die rhythmische Genauigkeit hinweisen, die auch in der Durchführung **(Takte 226–228, 230–232** und **234–236)** ersichtlich wird: im Thema selbst dreimal lang und zweimal kurz, in der Durchführung aber zweimal lang und einmal kurz. In den **Takten 168** und

489 ist ein ganz leichtes dim. nach dem sfz für beide Instrumente ratsam, damit das darauffolgende cresc. zum ff deutlich wahrnehmbar wird. Ein Problem der Balance zwischen Geige und Klavier stellt sich in den **Takten 178–179** sowie **182–190** und in der Parallelstelle **Takte 499–500** und **503–517**. Spielt das Klavier die Akkorde rücksichtslos ff (vielleicht noch mit Pedal), kann man den Geiger nur mehr sehen, ohne ihn zu hören, was bei einer wirklich hübschen Geigerin allerdings weniger ins Gewicht fallen würde! Andererseits käme ein zu leiser Akkord im Klavier einer Charakterverfälschung dieser Stelle gleich. Daher schlage ich dem Pianisten vor, ohne schlechtes Gewissen die Akkorde so furios und ff, wie er nur will, zu spielen, aber äußerst kurz, denn so kommt in den Klavierpausen die Geige zu ihrem Recht.

Ob Bogenstriche wie in den **Takten 188–189** sowie **210–225** ernst zu nehmen sind, ist sehr fraglich, denn sie sind ganz ungeigerisch und klanglich wenig befriedigend. Hier, glaube ich, sollte der Geiger nicht zu sehr dem Urtextsnobismus unterliegen und Stricharten beziehungsweise Bindungen so wählen, daß ein Höchstmaß an Klangschönheit und Volumen erreicht wird. Meine Ausführung sieht so aus:

Takt 188:

wobei das Klavier mit dem Akkord **Takt 190** erst auf die obere Note D der Geige eintritt.

Takt 210:

Die in den **Takten 201–202** und **257–258** bezeichnete Dynamik
ist etwas utopisch, wenn das Klavier das ff tatsächlich bis in den
Anfang des nächsten Taktes hinein durchhält und das bereits mit
dem Auftakt für die Geige bezeichnete p dem Buchstaben nach
genau befolgt wird. Da die Einsätze der Geige schließlich das
Seitenthema darstellen, wäre es unsinnig, wenn sie übertönt wür-
den. Es ist notwendig, hier nach einem Ausweg zu suchen; entweder müßte das Klavier in die **Takte 201** und **257** ein dim. einbrin-
gen, das zum p führt, oder die Geige müßte nicht ganz p einsetzen,
etwa mf mit sofortigem dim. Beide Alternativen kommen in Betracht; ich jedoch bevorzuge die zweite. In den **Takten 242–245**
der Geige und **246–249** des Klaviers sind die Viertel ebenso zu
verkürzen wie die Endphasen der **Takte 228, 232, 236** und **240.**
Die sfz in den **Takten 270–273** sind für mich nicht mit einem f
identisch, daher meine Ausführung: Betonung der sfz und alles
übrige im p.

Phrasierung und Dynamik in beiden Instrumenten **Takte**
274–277 und **282–285** werden oft mißverstanden und falsch ausgeführt. Zum einen hat die p-Bezeichnung auf dem ersten Achtel
der Geige **Takt 274** keinen Sinn, denn nicht nur beginnt hier die
Phrase erst auf dem zweiten Achtel, auch das Klavier macht das p
zu Recht nach dem ersten Schlag. Darüber hinaus fehlt in der
Erstausgabe eine diesbezügliche dynamische Bezeichnung für die
Geige **Takt 282,** woraus klar ersichtlich wird, daß das erste Es die
vorherige Phrase abschließt und das zweite, ähnlich wie **Takt 274,**
der Beginn der nächsten ist. Im übrigen wird allgemein die einzig
richtige Phrasierung beider Instrumente in den **Takten 274–293**
gröblich vernachlässigt. Für mich sind **Takte 274–275** und
282–283 eintaktige Phrasen, jedoch **276–277** und **284–285**
zweitaktige. Die linke Hand im Klavier also:

Das gleiche für **Takte 282–286.** In der Geige wäre also in denselben Takten folgendermaßen zu phrasieren:

Das oft zu hörende dim. **Takte 309** und **319** ist sicherlich falsch, denn ein Legato steht erst nach dem p sub. und anschließend in beiden Fällen ein decresc. Davon ausgenommen ist nur das fp in der Geige **Takt 308.**

In den **Takten 406–409** kann der Geiger das sfz auf E wirkungsvoll unterstützen, indem er gleichzeitig die leere E-Saite anstreicht. Es sei dahingestellt, ob die rechte Hand im Klavierpart **Takt 478** wirklich auf dem ersten Achtel – wie in allen Ausgaben gedruckt – ein E spielen soll, denn ein A wie im Takt vorher und nachher wäre einleuchtender. (Vergleiche auch **Takt 157**.) Beide Partner sollten sich hüten, das p (Geige **Takt 517** und Klavier **Takt 518**) allzu wörtlich zu nehmen, und daran denken, daß ab **Takt 521** noch ein dim. vorgesehen ist, das erst in **Takt 523** zum pp führt. Im Erstdruck der Geigenstimme stehen die sfz ausschließlich auf dem letzten Viertel der **Takte 539–541** statt auf dem dritten Viertel wie im Klavier, was meines Erachtens ein Druckfehler ist.

Daß im Klavier die Pedalbezeichnung schon ab **Takt 561** beginnt, was bei gleichzeitig notierten Viertelpausen bereits wie die nachfolgenden Takte klingen würde, ist wahrscheinlich auf die Beschaffenheit der Klaviere in Beethovens Zeit zurückzuführen.

In den meisten Ausgaben (inklusive der Erstausgabe) steht die Bezeichnung »Adagio« im Klavier erst in **Takt 575,** während für die Geige das Adagio bereits im **Takt 574** – als Auftakt – beginnt. Diese Violinbezeichnung scheint mir um so folgerichtiger, als Beethoven den gleichen Auftakt im Klavier **(Takt 578)** ebenfalls bereits mit Adagio angibt. Daher finde ich die bequeme Lösung, beide Instrumente erst mit **Takt 575** adagio beginnen zu lassen, nicht überzeugend. Mein Vorschlag geht dahin, die **Takte 573–574** im Klavier mit einem rit. zu versehen, das logisch in das Adagio mündet. Das Presto-Tempo im Klavier bis Ende **Takt 574** beizubehalten, während der Geiger seinen Auftakt im Adagio beginnt, ist undenkbar, außerdem beginnt das darauffolgende »Tempo I« ebenfalls mit dem Auftakt.

Die von Beethoven bezeichnete Klavierdynamik **Takt 579** ist wieder einmal utopisch und kann natürlich nicht – wie in den vorhergehenden Takten der Geige – ausgeführt werden. Alles, was dem

Pianisten zu tun bleibt, ist, den Akkord im nächsten Takt etwas kräftiger anzuschlagen.

Es ist wünschenswert, daß sich die Partner nicht hinreißen lassen, schon ab **Takt 583** das letzte an Tonvolumen herzugeben, denn die letzten vier Takte sollten in einer deutlichen Steigerung zum ff gegenüber den nur mit f bezeichneten vorherigen Takten erklingen.

Zweiter Satz: Andante con Variazioni

Die Tempi des Themas und der Variationen sind seit jeher sehr umstritten. Obwohl ich nicht die Ansicht teile, den gesamten Satz in ein und demselben Tempo zu spielen, halte ich doch eine Annäherung der Geschwindigkeiten von Thema und Variationen für wünschenswert. Ich war des öfteren Zeuge von Interpretationen, in denen das Thema als tragisches Adagio vorgetragen wurde, und als es zur ersten Variation kam, legte der Pianist mit einem wesentlich schnelleren Tempo los, worauf der Geiger »seine« zweite Variation als Prestissimo spielte!

Augen- und Ohrenzeugen überliefern uns den Eindruck eines Konzerts mit Pablo de Sarasate, der diese Geigenvariation in rasendem Tempo spielte (was ich mir aufgrund seiner Schallplatteneinspielung des Präludiums aus der dritten Partita von Bach gut vorstellen kann), sich danach verbeugte und auf das Toben des Publikums hin diese ganze Variation wiederholte.

Meistens beruhigen sich die Partner merklich in der dritten Variation, um in der vierten erneut im Tempo anzuziehen. Das auf das »molto adagio« folgende »Tempo I« wird dann entsprechend dem ursprünglich angeschlagenen langsamen Tempo des Themas gehalten. Ich bin der Ansicht, daß der gesamte Charakter dieses zweiten Satzes eher flüssig aufzufassen ist, schon wegen der anfänglichen Bezeichnung »Andante«. Außer dem »molto adagio« **Takt 192** und dem darauffolgenden »Tempo I« sind keine Tempoveränderungen angegeben.

Mein Vorschlag ist: ein nicht zu starres Zeitmaß und keine zu wilden Tempounterschiede wählen. Das Thema gefällt mir leicht fließend, graziös besser, und die Variationen I und II bevorzuge

ich – schon wegen der beabsichtigten Virtuosität – ein wenig
schneller; die III. und IV. etwa im gleichen Zeitmaß wie das
Thema.

Und nun zu einigen Details: Es scheint mir wesentlich, hier zu erkennen, was formal im Thema geschieht. Die ersten acht Takte
sind dem ersten Teil des Themas gewidmet, das zuerst durch das
Klavier eingeleitet und in den folgenden acht Takten von der Geige wiederholt wird. Ab **Takt 17** – mit vorhergehendem Auftakt –
setzt das Klavier den zweiten Teil des Themas fort, um schließlich
mit der Wiederholung des ersten Teils **(Takte 28–35)** das Geschehen im Klavier abzuschließen. Daher sind die **Takte 28–35**
von der Geige etwas zurückhaltender auszuführen als die
Takte 9–16 und 36–54. Ab **Takt 36** übernimmt die Geige wieder
die Führung, indem sie – ähnlich wie das Klavier in den **Takten
17–35** – den zweiten Teil des Themas fortsetzt und gleichfalls mit
der Wiederholung des ersten Teils abschließt. Da die meisten
Geiger **Takte 28–35** ebenso solistisch und führend bringen wie
Takte 9–16 und 47–54, ist mir daran gelegen, diesen Irrtum zu
berichtigen.

Die Nachschläge in diesem Thema werden sehr verschieden interpretiert. Reine »Urtextler« lassen keinen Nachschlag zu, wo er
nicht steht, gehen dabei aber so weit, daß beispielsweise die ausge-
schriebenen Nachschläge in der Geige **Takt 45** – im Klavier bei
genau dem gleichen thematischen Vorgang **Takt 26** – keine Anwendung finden sollen. Ein weiterer Beweis dafür, auch einen Urtext kritisch zu durchdenken. Ein Nachschlag in den **Takten 7, 15,
34** und **53** ist durchaus denkbar, aber nicht zwingend, hingegen ist
das Fehlen der Nachschläge im Klavier **Takt 26** ganz bestimmt
eine Unterlassung, die korrigiert werden muß.

Auch in diesem Thema gibt es eine sehr genaue dynamische Bezeichnung des Komponisten, die leider recht oft von beiden Instrumentalisten vernachlässigt wird. Das cresc. **Takt 4** und das folgende p sub. müssen wirklich ernst genommen werden. Dasselbe
gilt für alle Parallelstellen, die die Bedeutung unterstreichen, sonst
hätte Beethoven nicht jedesmal neu darauf hingewiesen. In den
Takten 15 und **53** fehlt das in den **Takten 7** und **34** angegebene
➢ und sollte eingefügt werden. Ebenso fehlt im Klavier das

cresc. in den **Takten 24–25,** das ganz deutlich an der gleichen Stelle in der Geige **Takte 43–44** angegeben ist. Das p **Takt 26** wäre ohne dieses cresc. sinnlos.

Interessant ist ein Vergleich der **Takte 30** und **49,** zumal im ersten Fall kein Triller in der linken Hand des Klaviers verzeichnet ist, dieser jedoch auch in der Erstausgabe bei der Wiederholung **Takt 49** steht. Ist dieser Unterschied beabsichtigt oder nur als Unterlassungssünde zu werten? Ich bin hier gegen eine Angleichung, denn in **Takt 49** sind in beiden Instrumenten – aber auch schon in den zwei vorherigen Takten der Geige – Vorschläge angegeben, also Verzierungen, die wir vorher nicht antreffen. Der nur in **Takt 49** vorkommende Triller im Klavier wäre demnach ein Teil der Verzierung.

Es wäre gut, wenn der Pianist den ersten Akkord **Takt 47** erst mit der Hauptnote E der Geige begänne und somit dem Geiger Zeit ließe, nach dem sehr kurzen Zweiunddreißigstel des vorherigen Taktes seinen Vorschlag zu spielen. Die so oft zu hörenden größeren Ritardandi in den **Takten 7–8, 15–16, 27, 34–35** erübrigen sich meines Erachtens, sie stören den Fluß und sind bei fünfmaliger Wiederholung innerhalb einer kurzen Spanne nicht sehr geistreich. Tritt in **Takt 46** und ganz am Schluß des Themas **(Takte 53–54)** eine kleine Verzögerung ein, kann ich das noch verstehen.

Variation I

In dieser solistischen Klaviervariation könnte man gewisse dynamische Ergänzungen vornehmen, die – angeglichen an das Thema – musikalisch durchaus einleuchtend sind, so zum Beispiel ein sf auf der zweiten Triole **Takt 65,** ein cresc. **Takt 66** und ein sf auf der dritten Triole **Takt 67.** Grundsätzlich kehrt man nach jedem sfz wieder zum p zurück. Auch glaube ich an Nachschläge nach den Trillern im Auftakt und auf dem letzten Achtel **Takte 55** und **74.**

Gleich welche Dynamik im Klavier gewählt wird, die Geige sollte sie nicht mitmachen. Die ausdrückliche Bezeichnung »sempre piano« diene hier als deutlicher Hinweis. Dagegen ist es selbstverständlich, die Agogik des Geigers dem Klavier anzupassen. Die normale leichte Stauung **Takt 73** entspricht der analogen Stelle im Thema **Takt 46,** der zweiten Variation **Takt 100** und auch der dritten Variation **Takt 127.**

Die Legato-Noten in den **Takten 68–69** stehen oft in ungenügendem Gegensatz zum übrigen Staccato-Geschehen, und zwar bedingt durch nachlässige Pedalisierung.

Die rit. am Ende jeden Teiles und zu lange Pausen zwischen den Variationen empfinde ich als überflüssig und für den Gesamtzusammenhang äußerst störend.

Variation II

In der Originalausgabe sind die Klavierbässe gleich von Anfang an als Sechzehntel mit Pausen notiert, ähnlich wie in der ganzen Variation mit Ausnahme der **Takte 94–96;** dies im Gegensatz zu fast allen gedruckten Ausgaben, die für die ersten vier Takte plus Auftakt Achtel schreiben. Die ursprüngliche Notation ist verständlicher und erübrigt die Punkte unter den Achteln. Diese virtuose Geigenvariation ermöglicht verschiedene Stricharten: entweder jede dritte und vierte Note separat hin und her, mit ⊓ oder ⋁ beginnend:

oder:

aber auch:

Ich bevorzuge diese letzte (wahrscheinlich ungewöhnlichste) Strichart, die ich selbst und meine Schüler (inzwischen auch meine »Geigenenkelkinder«) mit Vorliebe auch bei anderen Werken anwenden. So kam es im Laufe der Jahre, daß diese Strichart mit meiner Person assoziiert und in die Geigerwelt als »Rostal-Strich« eingegangen ist.

Jede der hier angeführten Alternativen ist annehmbar, aber keinesfalls ein hin und her gestrichenes Détaché, das dem Charakter und der Bezeichnung »leggiermente« keineswegs gerecht wird.

Leider wird das Détaché des öfteren angewandt. Kommt keine Bindung vor, ist ein Sautillé am Platz, das bei einer Stauung (wie **Takt 100**) in ein kontrolliertes Spiccato übergehen kann. Der Geiger möge bei der Wahl seiner Dynamik daran denken, daß in **Takt 97** ein plötzliches pp eintritt. Auch achte er sorgfältig auf cresc. und p sub.

Diese Variation verführt den »Könner« zu einem sehr schnellen Tempo, was ästhetisch zweifelhaft sein mag, im Zusammenhang mit dem ganzen Satz vielleicht sogar etwas vulgär! Wie bereits für Variation I erwähnt, rate ich von rit. ab, mit Ausnahme des **Taktes 100** und des Variationen-Endes.

Variation III Minore

Es ist erstaunlich, wie viele Pianisten bereits in den **Takten 113** und **132** ein cresc. machen, das erst im nächsten Takt seine Berechtigung hat. Der Geiger unterliegt hier wegen des ausdrücklichen fp weniger der Versuchung. Mein Rat geht dahin, diese Stellen im Klavierpart eher mit einem dim. zu versehen. Führt man in dieser Variation alle Wiederholungen aus, kommt der Schluß nicht weniger als viermal unverändert vor, daher warne ich erneut vor zu vielen Ritardandi. Die auch hier wiederum sehr genau bezeichnete Dynamik sollte möglichst getreu wiedergegeben werden, so auch die plötzlichen sfz **Takt 126**. Leider wird das sfz oft fälschlich auch auf das zweite Achtel von **Takt 127** angewandt, wo ein langsam ansteigendes cresc. vorgesehen ist. Der Geiger sollte wissen, daß am Ende von **Takt 121** das Klavier in der rechten Hand nach dem letzten Sechzehntel noch ein Zweiunddreißigstel zu spielen hat, das heißt eine ganz leichte Dehnung vor dem p sub. im nächsten Takt, aber keine Verkürzung der letzten Note.

In den **Takten 123–124** im Geigenpart fehlen die Auflösungszeichen im Erstdruck, doch wurde in allen Ausgaben die entsprechende Korrektur vorgenommen.

Variation IV Maggiore

Der Grundcharakter dieser Variation gleicht dem des Themas: graziös, leichtflüssig, verspielt, fast wie eine »Spieldose«.

Die in vielen Ausgaben (unter anderem bei Joachim) in den **Takten 143** und **151** angegebenen dim. entsprechen nicht der Originalausgabe. Das cresc. läuft also in beiden Fällen definitiv bis zum p sub. In der Geige fehlt es – analog zu den **Takten 150** und **169** – im **Takt 142**.

Für den Geiger gibt es gewisse Probleme in der Ausführung eines klanglich befriedigenden Pizzikatos. Es handelt sich hierbei hauptsächlich um hohe Noten auf der E-Saite. Bekanntlich klingen solche Pizzikati im Vergleich zu einer Viola oder einem Cello recht kläglich. Sehr fest aufgesetzte Finger der linken Hand, ferner eine gute Wahl der Kontaktstelle (nämlich näher zum Steg) können sehr hilfreich sein. Bemerkenswert ist die unterschiedliche Bezeichnung von Klavier- und Geigenstimme im Hauptthema. Der Mordent **Takt 136** ist – im Gegensatz zur Geigenstimme **(Takte 144** und **182)** – nicht ausgeschrieben, aber es kommt auf das gleiche heraus. Eine ruhige, nicht zu schnelle Ausführung ist empfehlenswert. Etwa so:

Es ist ferner nicht ganz einsichtig, warum im Thema der Geige **Takt 144** die Verzierung am Taktanfang fehlt, denn ansonsten sind die ersten vier Takte mit der Klavierstimme fast identisch. Bei den Trillern sollten Nachschläge nur dort angebracht werden, wo sie ausdrücklich verlangt sind. **Takt 140** sieht einen Nachschlag vor, der aber bei der Wiederholung in **Takt 167** fehlt, eine Angleichung scheint zwingend.

Die Phrasierung in den **Takten 151–153** und **170–172** wird sehr verschieden aufgefaßt, entweder:

oder:

Beide Versionen haben etwas für sich: Auch die erste ist reizvoll,
richtiger wäre allerdings die zweite. Die Bindungen und Punkte
über den Achteln sind sehr flüchtig geschrieben, hier Übereinstimmung zu schaffen ist unbedingt notwendig. Der Nachschlag in
Takt 181 der Geige ist rhythmisch nicht leicht unterzubringen; da
es sich um eine ähnliche Stauung wie in den **Takten 46, 73, 100**
und **127** handelt, würde ich folgende Aufteilung vornehmen:

Die unerwartete und überaus schöne Modulation auf dem letzten
Achtel von **Takt 183** ist ein Einfall, der besondere Beachtung ver-
dient; daher ist ein leichtes »espressivo« auf dem Fis der linken
Hand des Klaviers zu empfehlen.

Sehr viele Geiger neigen dazu, das cresc., das erst mit **Takt 188**
eintreten soll, wesentlich früher anzufangen, was der Süße, Zartheit und Eleganz eher Abbruch tut.

Wie immer das Tempo dieser Variation ausfällt, muß **Takt 190**
im Klavier dem »Tempo I« **Takt 194** entsprechen. Das Tempo I
bedeutet nur die Annullierung des vorhergehenden »molto
adagio«.

Die Pedalisierung der **Takte 192–193,** die auch in der Erstausgabe angegeben ist, finde ich auf unseren modernen Flügeln nicht
besonders schön. Die Wirkung auf einem Flügel der Zeit Beethovens war offenbar eine ganz andere. Mein Vorschlag, beim heutigen Steinway-Flügel das mittlere Pedal zu benutzen, um auf diese
Art die Baßnote D durchzuhalten, ohne daß sämtliche Durch-
gangsnoten gleichzeitig unschöne Dissonanzen enthalten, wird
von Pianisten ausnahmslos abgelehnt. Sie bevorzugen Kompro-
mißlösungen wie Pedalunterbrechungen oder ein Pedalvibrato.

Das sfz in **Takt 196** der Geige ist wohl – entsprechend der Klavierbezeichnung – als durchgehendes f aufzufassen, damit das (in der
Erstausgabe nicht vorhandene) p sub. **Takt 197** schon wegen des
cresc. **Takt 200** seine Berechtigung erhält.

Die rhythmische Aufteilung von **Takt 196** zwischen Geige und
Klavier unterliegt immer noch einigen Zweifeln und wird auch
sehr verschieden interpretiert. Der Grund liegt wohl darin, daß die

Originalausgabe getrennte Klavier- und Geigenstimmen enthält, also keine Partitur, aus der hervorginge, welche graphische Darstellung Beethoven bevorzugt hätte. In vielen früheren Ausgaben (unter anderem bei Joachim) wird es folgendermaßen dargestellt:

was sicherlich falsch ist, denn falls das Klavier eine Fermate auf dem letzten Achtel hat, wäre eine jeweils entsprechende Fermate auch für die Geige notwendig. Die Geigenfermate ist aber auf dem dritten Achtel, somit beginnt die abwärtsführende Skala der Geige erst auf dem vom Klavier bereits erreichten letzten Achtel. Ich sehe es infolgedessen so:

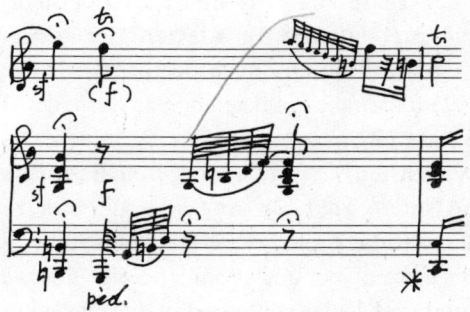

Der Pianist möge versuchen, **Takt 197** gleich mit dem Anfangstempo dieses zweiten Satzes (Thema) zu beginnen. Das Klavier braucht das cresc. der Geige in den **Takten 200–201** nicht mitzumachen und könnte sich so verhalten wie der Geiger in Variation I, also die Begleitfigur »sempre piano«.

Das zwischen beiden Instrumenten aufgeteilte Thema **Takte 202–205** läßt sich vollendet nur schwer realisieren, da uns hetero-

gene Instrumente noch mehr als gewöhnlich im Wege stehen. Um
dem gewünschten Ziel näher zu kommen, schlage ich dem Violinisten vor, das erste D **Takt 203** gleichzeitig mit einem dim. zu verlängern und erst in der Fortsetzung – von der zweiten Note der
Triole an – die vorherigen Takte des Klaviers quasi staccato zu
imitieren. Das Klavier könnte die letzte Triole **Takt 202** schon mit
einem kleinen cresc. beginnen. So wie der Geiger die erste Note
Takt 203 verlängert, könnte der Pianist am Anfang des **Taktes 204**
verfahren.

Sehr viele Geigenstudenten realisieren beim ersten Studium in
den **Takten 205, 207, 209** und **211** nicht, was rhythmisch im Klavier vor sich geht, denn in den genannten Takten sind in der linken Hand vier Zweiunddreißigstel, dann erst folgen die Triolen.
Ohne diese Kenntnis kommt es regelmäßig zu einem Ensemble-
chaos. Die in der Erstausgabe nicht angegebene Dynamik im Klavier, das heißt das pp in den **Takten 214** und **220**, das aber in den
meisten Ausgaben zu Recht ergänzt ist, basiert auf der Originalbe-
zeichnung der Geigenstimme **Takt 214**. Diese Auslassung beruht
meines Erachtens auf Nachlässigkeit. Im Takt **224** fehlt in beiden
Instrumenten ein cresc. analog zu Takt **218**.

Am Schluß der **Takte 203–204** und **223–224** steht jeweils ein
Zweiunddreißigstel entweder im Klavier oder in der Geige, und
man achte darauf, diese erst nach der dritten Note der letzten
Triole zu spielen. Manche Pianisten neigen dazu, den Triller G am
Anfang von **Takt 227** bereits mit einer Fermate zu versehen, die
erst auf dem nächsten Viertel Gis vorgesehen ist. Es ist auch ratsam, die erste Note A **Takt 228** trotz des p sub. nicht zu leise anzuschlagen, da sonst das thematische Hauptgeschehen der rechten
Hand von der linken, aber auch von der Geige überschattet wird.
Die linke Hand im Klavier sollte sich in diesem Takt diskret verhalten, was auch für den Geiger gilt.

Die »Lebewohl«-Phrase

in den **Takten 230–232** kommt zwischen Klavier und Geige viermal vor und schließt mit dem letzten Mal den Satz ab. Ich verwende daher ein winziges rit. am Ende von **Takt 232,** um auf diese

Weise eine Art »sense of finality« anzudeuten, denn die letzten drei Takte stellen für mich einen Epilog dar.

Die Dynamik im vorletzten Takt wird oft vernachlässigt, der Geiger hat in der ersten Hälfte des Taktes ein cresc., und das Klavier muß in der zweiten Hälfte mit der Dynamik einsetzen, die der Geiger gerade erreicht hat. Auch im abschließenden dim. sollten sich die Partner genau aufeinander abstimmen.

Dritter Satz: Presto

Dieser Satz war – wie bereits in meinen Ausführungen über den letzten Satz der Sonate op. 30 Nr. 1 erwähnt – ursprünglich nicht für die Kreutzer-Sonate gedacht, sondern für die andere A-Dur-Sonate, eben op. 30 Nr. 1. Der Tausch hat sich als sehr glücklich erwiesen. Die Thematik in diesem Presto entspricht meistens mehr einer Geigenfigur und ist auf dem Saiteninstrument leichter auszuführen als auf dem Klavier. Das Beibehalten von wirklich kurzen Staccato-Noten zwingt den Pianisten zu einer gewissen Einschränkung der Geschwindigkeit. Das Tempo dieses Prestos sollte also nur so schnell sein, wie es dem Pianisten die Beibehaltung echter Staccato-Noten erlaubt. Für den Geiger ist es empfehlenswert, am Anfang dieses Satzes nicht zu früh, das heißt erst nach dem Ausklingen des ff-Akkordes des Klaviers, einzusetzen. Beginnt der Geiger wirklich p, bevor der Klavierakkord verklungen ist, würde man seinen Einsatz gar nicht hören.

In den **Takten 1–10** hat die Geige die führende Stimme, die dann vom Klavier übernommen wird, so daß der Streicher in den **Takten 11–14** sozusagen zweite Geige spielt. Das bedeutet eine dynamische Differenzierung, obwohl in beiden Fällen ein p angegeben ist.

Vom dritten Achtel **Takt 14** spielt wiederum die Geige eine wichtige Rolle, die von der linken Hand des Klaviers **Takt 18** übernommen wird.

Das in den meisten Ausgaben hinzugefügte cresc. **Takte 50–51** ist zwar im Erstdruck nicht zu finden, scheint aber durch den Vergleich mit den **Takten 327–328** berechtigt. **Takte 58–61** bereiten dem Geiger oft Schwierigkeiten, denn Beethovens Schreibweise entspricht hier mehr einem pianistischen Brauch, Oktaven auf den Achteln zu vermeiden. Die separate Saitenwechselbewegung des Geigers zur A-Saite für die Oktave ist an sich überflüssig, wenn wenig Bogen für die Achtel benutzt wird und er nur in Gedanken auf der E-Saite bleibt, das sfz aber sehr kräftig mit viel Bogen anspielt. Natürlich muß der Bogen schon bei den Achteln so nah wie möglich bei der A-Saite sein, diese aber gerade um Haaresbreite vermieden werden.

Beim Seitenthema, das mit **Takt 62** beginnt, ist selbstverständlich das vorgeschriebene p zu beachten, jedoch läßt sich in Erwägung ziehen, die **Takte 70–77** im pp auszuführen. Obwohl diese Idee nicht dem Urtext entspricht, entbehrt sie nicht eines gewissen Reizes! Falls sich der Geiger zu einer solchen Nuance entschließt, müßte der Pianist in den **Takten 86–93** ähnlich verfahren; genauso ist dann in den **Takten 339–370** vorzugehen.

Die in den **Takten 62–93** und **339–370** abwechselnd im Klavier und in der Geige auftauchenden Begleitfiguren sind immer nachtaktig, im Klavier trifft dies für **Takte 62, 69–70** und **77** sowie **339, 346–347** und **354** zu, in der Violine für **Takte 77, 85** und **93** sowie **354, 362** und **370**. Das läßt sich zum Beispiel folgendermaßen verdeutlichen:

Ab **Takt 94** ist wiederum darauf zu achten, welcher der beiden Partner Ober- oder Unterstimme hat; beispielsweise ist die rechte Hand des Klaviers in den **Takten 94–95** führend, hingegen übernimmt die Geige ab **Takt 96** die Oberstimme. Das gleiche trifft zu für die Parallelstelle ab **Takt 371**. Obwohl das p sub. in den **Takten 100** und **377** für beide Instrumente sehr schwer zu realisieren ist, scheint es doch sinnvoll und erstrebenswert, nicht den einfachen Weg zu wählen und das p erst mit dem zweiten Achtel beginnen zu lassen.

Das f in den **Takten 126** und **403** gibt Anlaß zu verschiedenen Auslegungen: Logischerweise wäre ein f nach dem ff eine Abschwächung, ich selbst bin allerdings der Ansicht, daß es sich hier um zwei emphatisch betonte Akkorde handelt, also eher noch verstärkt. Der Vergleich mit den Parallelstellen der **Takte 399–403** hilft uns nicht weiter, denn in der Originalausgabe fehlt im Klavier das ff gänzlich, in der Geige steht nur ein f statt des ursprünglichen ff, aber in **Takt 403** finden wir wieder in beiden Stimmen das rätselhafte f. Eine gewisse Klärung dieses Problems bringt die Bezeichnung f in den **Takten 134** und **411** im Klavier, das ja diese Akkorde mit besonderem Nachdruck hervorhebt. Im Vergleich zu **Takt 148,** wo er notiert ist, fehlt der Vorschlag des Klaviers in **Takt 425,** und es ist zumindest fraglich, ob man hier dem Buchstaben folgen will oder nicht.

Ebenso fragwürdig ist die dynamische Bezeichnung **Takt 152,** wo das p im Klavier bereits am Anfang des Taktes steht, in der Violinstimme der Erstausgabe hingegen erst auf dem dritten Achtel. In der Parallelstelle **Takt 429** ist das p in der Geige ebenfalls auf dem dritten Achtel notiert, im Klavier diesmal erst im nächsten Takt. Es ist in diesem Fall für mich viel überzeugender, die in den **Takten 429–430** vorgesehene Dynamik auch in den **Takten 152–153** anzuwenden. Schon die zweifache Bezeichnung p in den **Takten 152–153** im Klavier läßt darauf schließen, daß das erste p ein Irrtum war, das man zu annullieren vergaß.

Der Geigeneinsatz in den **Takten 177** und **454** wird häufig dadurch verunsichert, daß der Pianist seine vorherige Skala nicht streng im Takt spielt.

Das cresc. **Takt 178** erreicht seinen Höhepunkt erst mit dem ff in **Takt 182** und nicht bereits beim ersten sfz **Takt 180,** wie man es öfter hört. Das gleiche gilt für die **Takte 455–459.**

In der Erstausgabe steht im Geigenpart ein fp am Anfang des **Taktes 194,** in der Klavierstimme findet sich dagegen überhaupt keine dynamische Bezeichnung. Es ist nun fraglich, ob man die Dynamik in **Takt 202** der in **Takt 194** angleichen will oder sogar umgekehrt. Ich persönlich bin in diesem Fall für eine Angleichung und würde in beiden Instrumenten in den **Takten 194** und **202** fp spielen.

Ab **Takt 206** tritt für acht Takte eine merkliche Beruhigung in dem ansonsten stürmischen Satz ein, eine wichtige und willkommene Unterbrechung. Eine winzige Verlangsamung des Tempos an dieser Stelle scheint mir kein Sakrileg!

Die Bindungen in der Geigenstimme **Takte 207–213** sind eine typisch pianistische Notation, die dem Geiger manchmal Rätsel aufgibt. Selbstverständlich ist das erste Achtel in jedem Takt von dem darauffolgenden Viertel getrennt, genauso wie der Pianist das Viertel nochmals anschlägt. Trotz dieser oben angegebenen Notation benutze man folgenden Bogenstrich:

Diese Stelle beweist wieder einmal, daß Phrasierung und Bogenbindung nicht identisch sind.

Von der zweiten Hälfte **Takt 214** bis zur ersten Hälfte **Takt 222** hat das Klavier die Oberstimme, und das umgekehrte Verhältnis tritt in **Takt 222** ein. Es ist ratsam, sich bei der Unterstimme jeweils etwas Zurückhaltung aufzuerlegen. Die ab **Takt 239** abwechselnd im Klavier und in der Geige angegebenen sfz sind in diesem Fall nicht mit einem f gleichzusetzen, man kehre also jedesmal zum p zurück. Erst in den **Takten 245** tritt ein cresc. zum wirklichen f ein.

Ein für mich eindeutig beabsichtigter Unterschied in der auszuhaltenden Länge der wiederholten Note E **Takte 267–286** wird meistens übersehen. In der Geige stehen die vier E **Takte 267–270** ohne Punkte, sie sind daher länger als in den darauffolgenden Takten (die verkürzende Punkte aufweisen) auszuführen. Der gleiche Prozeß wiederholt sich in den **Takten 275–283.** Die wiederholten E im Klavier sind kurz, mit Ausnahme jener, die als Oktaven in der linken Hand geschrieben sind. Die drei Baßnoten E **(Takte 284–286)** sind als volle Viertel durchzuhalten, müssen sich jedoch von den darauffolgenden vier Takten (Eis) unterscheiden, die mit Pedal versehen sind. Das Ende des **Taktes 290** wird rhythmisch oft ungenau ausgeführt, weil der Geiger, während der Pianist berechtigterweise das rit. bis zum letzten Achtel durchhält, dieses sechste Achtel zu Unrecht bereits »a tempo« nimmt, was nie ein wirklich einwandfreies Ensemble ergibt.

Das in der zweiten Hälfte des **Taktes 303** notierte p wende ich ebenfalls in **Takt 295** an.

Was nun die Geigenfigur **Takte 335–338** betrifft, verweise ich auf meine Bemerkungen zu den **Takten 58–61,** nur daß der Saitenwechsel hier umgekehrt angewandt wird, nämlich von der unteren Saite zur oberen. Im Original steht eine 0 (also leere Saite) über den Vierteln E, und man tut gut daran, diese sfz-Note zu verdoppeln:

Im Gegensatz zur Parallelstelle im ersten Teil bleibt man diesmal in Gedanken nur auf der A-Saite.

Im mit **Takt 339** beginnenden Seitenthema kann man in der Dynamik und Phrasierung ähnlich verfahren wie in den **Takten 62–95.** Ich erinnere daran, das in **Takt 399** fehlende ff in beiden Stimmen zu ergänzen, und der Pianist möge die Frage des Vorschlags in **Takt 425** überdenken. Es kommt auch hier auf die Betrachtungsweise an: Glaubt man der Erstausgabe (das Manuskript ist verschollen), oder könnte ein Druckfehler vorliegen? Ab **Takt 467** hat zweifelsohne das Klavier die führende Oberstimme, und zwar bis zum thematischen Einsatz der Geige **Takt 471:**

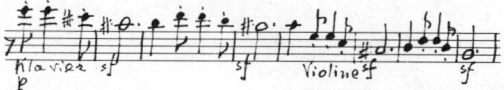

Ab **Takt 475** übernimmt wieder das Klavier die Führung bis **Takt 482,** speziell in der linken Hand der **Takte 479–482.** Der Geiger hüte sich, in den vier **Takten 471–474** das vorherige p allzu wörtlich zu nehmen, was auch für die **Takte 483–486** gilt. Das leider übliche Ritardando **Takt 486** halte ich für unangebracht, denn erstens fehlt dafür jeder Hinweis, und zweitens – noch viel wichtiger – ist ein geradezu atemloses Hinstreben zum sfz **Takt 487** wesentlich überzeugender. Man rennt gleichsam »blind gegen die Wand«, was viel dramatischer wirkt.

Die folgenden Adagios **(Takte 489–492** und **497–501)** werden meines Erachtens oft zu schnell gespielt. Schließlich charakterisiert die Tempobezeichnung »Presto« gegenüber »Adagio« einen sehr wesentlichen Unterschied, und Beethoven schrieb nicht »Allegretto« oder »Andante«!

Auch an dieser Stelle fehlt es oft an wirklichem Verständnis für Ober- und Unterstimme. Ich versuche, hier eine graphische Darstellung durch groß und klein geschriebene Noten zu geben:

In der Erstausgabe steht in der Violinstimme **Takt 496**

wie ich es bei meinem Notenbeispiel mit aufwärts gerichteten Hälsen gekennzeichnet habe, im Gegensatz zu den meisten Ausgaben, mit Ausnahme von Henle, wo die letzten drei Achtel so angegeben sind:

Spielt ein unbekannter Geiger die nunmehr »richtigen« Noten, wird er sicherlich vom Kritiker verrissen, wenn dieser es merkt! Für beide Instrumente stehen die sfz **Takte 517–518** und **521** für ein f bis zum p sub. **Takt 525.** Dies trifft aber nicht mehr für die **Takte 527, 531, 533, 535** zu, denn in **Takt 535** wird ein spezielles cresc. gefordert, das zum triumphalen ff am Werkende führt.

Sonate Nr. 10 G-Dur op. 96

Erzherzog Rudolph von Österreich gewidmet
Komponiert wahrscheinlich 1812
Manuskript: Pierpont Morgan Library, New York
Erstausgabe Juli 1816:
»Sonate / für Piano-Forte und Violin. / Sr. Kaiserl. Hoheit
dem durchlauchtigsten Prinzen / Rudolph / Erzherzog von
Oesterreich &. &. &. / in tiefer Ehrfurcht zugeeignet / von /
Ludwig van Beethoven. / 96tes Werk / Eigenthum des
Verlegers. / Wien, bei Tobias Haslinger.«

Einführung

Diese Sonate ist das letzte Werk dieser Gattung für Klavier und Violine; für ein Streichinstrument mit Klavier folgen nur noch die zwei Sonaten C-Dur und D-Dur für Violoncello und Klavier op. 102.

Die Sonate op. 96 entstand wahrscheinlich im Jahre 1812, gleichzeitig mit der siebten und achten Symphonie op. 92 bzw. 93, und sie stellt insofern eine Art Wendepunkt im Schaffen Beethovens dar, als keine der früheren Sonaten, ja nicht einmal das vorhergehende Streichquartett f-Moll op. 95, jene abstrakte, philosophische Atmosphäre aufweist, die fortan das gesamte Werk Beethovens prägt und gemeinhin als letzte Periode bezeichnet wird.

Wie bereits erwähnt, war Beethoven nur selten zu Konzessionen an ausführende Instrumentalisten bereit und nahm wenig Rücksicht auf deren Vorzüge oder Begrenzungen. Typisch hierfür sind die verschiedenen Versionen des Soloparts im Violinkonzert op. 61, wo Beethoven anfangs noch den Rat eines befreundeten Violinisten berücksichtigte, doch späterhin stießen diese instrumentell begründeten Hilfen beim Komponisten auf Ablehnung. In der Kreutzer-Sonate op. 47 spürt man ausnahmsweise eine gewisse Kompromißbereitschaft, um das virtuos angelegte Spiel des Geigers George Bridgetower, dem dieses Werk ursprünglich gewidmet war, ins rechte Licht zu setzen. Auch in diese letzte Sonate haben bewußte Konzessionen – wenn auch in beschränktem Maße – speziell an den französischen Geiger Pierre Rode Eingang gefunden. Mit Rode und dem Erzherzog Rudolph von Österreich, Beethovens Schüler, dem dieses Werk auch dediziert ist, soll am 29. Dezember 1812 im Palais des Fürsten Lobkowitz die Uraufführung stattgefunden haben. Eine zweite Aufführung mit denselben Interpreten erfolgte am 7. Januar 1813 in einem öffentlichen Konzert.

In seinem bedeutenden Buch »Ludwig van Beethovens Leben« gibt Alexander Wheelock Thayer Äußerungen Beethovens wieder, die mir im Zusammenhang mit der zehnten Sonate für Klavier und Violine besonders wichtig erscheinen:

»Pierre Rode, in der Zeit seiner höchsten Blüte der erste unter den lebenden Violinspielern, machte nach seiner Vertreibung aus Rußland eine Konzertreise durch Deutschland und kam im Dezember dieses Jahres nach Wien. Spohr, dessen Urteil über Violinspiel wohl nicht angefochten werden kann, hatte ihn zehn Jahre früher mit Staunen und Entzücken gehört und hörte ihn jetzt wieder in einem öffentlichen Konzerte am 6. Januar und war der Ansicht, daß er zurückgegangen sei, fand sein Spiel ›kalt und manierirt‹; er ›vermißte die frühere Kühnheit in Besiegung großer Schwierigkeiten und fühlte sich besonders unbefriedigt ... wenigstens wußte er es nicht bis zum Enthusiasmus zu erwärmen‹.« (S. 350)

Aber Rode hatte nun einmal einen großen Namen; er erwies den hohen Adligen die herkömmliche Huldigung, und sie wurde ihm erwiesen, und so konnte er in ihren Salons seine immer noch großen Talente zur Geltung bringen. Beethoven muß von seinen Fähigkeiten damals noch eine hohe Meinung gehabt haben; er nahm die Sonate op. 96 wieder vor und vollendete sie, damit sie in einem Abendkonzert beim Fürsten Lobkowitz von Rode und Erzherzog Rudolph gespielt würde. Nach dem Ton der beiden von Ludwig Ritter von Köchel mitgeteilten Briefe an den Erzherzog zu urteilen, scheint der Komponist mit Rodes Leistungen weniger zufrieden gewesen zu sein, als er erwartet hatte. Er schrieb im Dezember 1812 an den Erzherzog:

»Morgen in der frühesten Frühe wird der Copist an dem letzten Stück anfangen können, da ich selbst unterdessen noch an mehreren anderen Werken schreibe, so habe ich um der bloßen Pünktlichkeit willen mich nicht so sehr mit dem letzten Stück beeilt, um so mehr, da ich dieses mit mehr Ueberlegung in Hinsicht des Spiels von Rode schreiben mußte; wir haben in unsern Finales gern rauschendere Passagen, doch sagt dies R. nicht zu und – schenirte mich doch etwas . . .« (zit. nach Thayer, a. a. O., S. 351)

Thayer gibt noch einen weiteren Bericht über eine Aufführung dieser Sonate, die in einer Zeitung am 4. Januar erschien:

»Der große Violinspieler Rode hat dieser Tage ein neues Duett für P. Forte und Violin mit Sr. K. Hoheit dem Erzherzog Rudolph bei Sr. Durchl. dem Fürsten Lobkowitz gespielt. Das Ganze wurde gut vorgetragen, doch müssen wir bemerken, daß die Klavierpart weit vorzüglicher, dem Geiste des Stücks mehr anpassend, und mit mehr Seele vorgetragen ward, als jene der Violine. Hrn. Rode's Größe scheint nicht in dieser Art Musik, sondern im Vortrag des Concerts zu bestehen. Die Komposition dieses neuen Duetts ist von Hrn. Lud. van Beethoven: es läßt sich von diesem Werke weiter nichts sagen, als daß es alle seine übrigen Werke in dieser Art zurückläßt, denn es übertrifft sie fast alle an Popularität, Witz und Laune.« (Bericht in »Glöggls Zeitung« vom 4. Januar 1813, zit. nach Thayer, a. a. O., S. 351)

In unserer Zeit und mit einem größeren Abstand können wir eigentlich die Meinung jenes Kritikers nicht teilen. Erstens ist diese letzte Sonate mit ihrem tiefgründigen und sich jeder Effekthascherei versagenden Kompositionsstil keineswegs die »populärste« dieser Gattung, auch nicht – trotz mancher Stellen der guten »Laune« –, selbst im Sinne Beethovens, wirklich »witzig« wie beispielsweise das Scherzo der Frühlings-Sonate op. 24.

Ferner ist der Briefwechsel zwischen Beethoven und dem Erzherzog über diese Sonate schon deswegen interessant, weil daraus hervorgeht, daß Rode wie auch viele andere zu jener Zeit und sogar bis in die zwanziger Jahre dieses Jahrhunderts solche Werke nicht wirklich intensiv studierten, sondern als sogenannte Hausmusik meist prima vista aufführten.

Der Erzherzog schreibt an Beethoven:

»Lieber Beethoven

Uebermorgen Donnerstags ist um 6 Uhr Abends wieder Musik bei dem Fürsten Lobkowitz und ich soll daselbst die Sonate mit dem Rhode wiederholen, wenn es Ihre Gesundheit und Geschäfte erlauben, so wünschte ich Sie morgen bei mir zu sehen um die Sonate zu überspielen.

Will der Rhode vielleicht die Violinstimme zum überspielen haben, so machen Sie mir es zu wissen, damit ich dieselbe schicken könne; wie auch, ob und wann Sie morgen zu mir kommen können.

Ihr Freund Rudolph.« (zit. nach Thayer, a.a.O., S. 351 f.)

Beethovens Antwort an den Erzherzog kann in ihrer Vollständigkeit bei Thayer (S. 352) nachgelesen werden, ich will hier nur diesen für uns relevanten Teil wiedergeben:

». . . Roden anbelangend haben I. Kais. Hoheit die Gnade, mir die Stimmen durch Ueberbringer dieses übermachen zu lassen, wo ich sie ihm sodann mit einem Billet doux von mir schicken werde. Er wird das die Stimme schicken gewiß nicht übel aufnehmen, ach gewiß nicht! Wollte Gott, man müßte ihn deshalb um Verzeihung bitten, wahrlich die Sachen ständen besser . . .«

Auch bei diesem Werk will ich es unterlassen, eine Analyse vorzunehmen oder seine Vorzüge und Schönheiten herauszustellen, denn es gibt bereits viele und bedeutende Bücher, die sich mit diesen Aspekten in hervorragendster Weise auseinandersetzen. Ich verweise hier insbesondere auf Joseph Szigetis Büchlein »Beethovens Violinwerke«, aber auch auf »Beethovens Violinsonaten« von Justus Hermann Wetzel und auf die »Kunst des Violinspiels« zweiter Teil von Carl Flesch, der in seiner Einleitung Wesentliches zu diesem Werk zu sagen hat, unter anderem:

»Wenn man unter den Beethovenschen Violinsonaten op. 24, op. 30 Nr. 2 und op. 47 als diejenigen heraushebt, die sich am meisten der Gunst der Hörer erfreuen, so gilt op. 96 dem Kenner als das vollkommenste Werk der ganzen Reihe. Insbesondere ist es der erste Satz, der für mich einen Gipfel Beethovenschen Schaffens bedeutet. Seine Bedeutung liegt jedoch nicht auf der Oberfläche, denn es ist kaum möglich, die Geistestiefe, die impressionistisch zarten Farben, in die er getaucht ist, in akustische Wahrnehmung entsprechend zu übersetzen. Das Stück ist ›undankbar‹, gibt keine Gelegenheit zur Entfaltung typischer Geigenkantilenen, es ist zarteste Filigranarbeit, verträumte Stimmungsmusik, mit gewollt beschränkten, stellenweise nur andeutenden Mitteln, kurz, seiner Zeit in gleichem Maße vorauseilend wie gewisse Teile der letzten Quartette oder Klaviersonaten. Die Wiedergabe dieses Satzes erfordert nicht bloß zwei im Zusammenspiel sowie technisch und tonlich auf der höchsten Stufe stehende Spieler, nein –

diese selbst müssen auch fähig sein, zu träumen, zu schwärmen; in ihrer Seele muß die blaue Blume wohnen. Nur wer dieses poetische Einfühlungsvermögen besitzt, wird den, in einer anscheinend rauhen Hülle verborgenen, edlen Kern in vollkommenen Klang umsetzen können.« (S. 171)

Das sind Wahrheiten, die – trotz zeitbedingter Geschmacksänderungen – ihre Gültigkeit behalten. Anders verhält es sich mit Fleschs violinistischen Auslegungen im selben Kapitel seines Buches. Es ist seitdem mehr als ein halbes Jahrhundert vergangen, und Änderung im Geschmack, Musikwissenschaft, ja selbst durchschnittliches technisches Können haben zum Teil wesentlich andere Voraussetzungen geschaffen. Ich will nun – wie bereits in den vorhergehenden Sonaten – meine interpretativen und technischen Erfahrungen im Detail niederlegen.

Erster Satz: Allegro moderato

Gleich zu Anfang steht zur Diskussion, ob man im Thema nach den Trillern einen Nachschlag machen soll. Hierzu habe ich bereits im Abschnitt »Ornamentik« meine Meinung dahin gehend geäußert, daß gerade beim späten Beethoven nur dort eine Verzierung angewandt werden soll, wo sie vom Komponisten ausdrücklich vorgeschrieben ist, so zum Beispiel im vorletzten Takt des Scherzos. Die hier existierenden Meinungsverschiedenheiten stelle ich keineswegs in Abrede, haben doch so bedeutende Künstler wie Adolf Busch und Rudolf Serkin die Triller in ihrer Schallplattenaufnahme mit Nachschlägen versehen. Auch Arturo Toscanini fand, daß jeder Triller ohne Nachschlag nicht überzeugend, leer, ja nackt wirkt. Ich glaube – und nicht nur bei Beethoven –, man sollte nicht alles über einen Kamm scheren, sondern bei jedem einzelnen Triller vorsichtig abwägen, um so einer mechanisch stereotypen Auslegung auszuweichen.

Ungenügende Beachtung findet – ebenfalls gleich am Anfang – die Stimmenaufteilung zwischen den beiden Instrumenten. In den ersten sechs Takten plus Auftakt hat die Geige die Oberstimme und in den folgenden, sogar bis **Takt 22,** das Klavier. Diese Folge kehrt sich in der Reprise ab **Takt 142** um. Hier führt anfänglich das Klavier, aber ab **Takt 148** plus Auftakt übernimmt die Geige die Oberstimme, und zwar bis **Takt 161.**

Die Dynamik ist auch hier sehr genau zu befolgen. Dem so oft gehörten Schweller, besonders in den **Takten 17–19,** sollte man widerstehen und auf eine lineare melodische Führung achten. Hingegen spielen – wie überall bei Beethoven – die p sub. eine wesentliche Rolle, so in den **Takten 22, 25, 28** und **33.** Aber auch die plötzlichen f in den **Takten 26** und **30** sollten nicht – in gleichsam verbindlicher Weise – mit einführenden cresc. versehen werden. Das dramatische und unerwartete Auftauchen dieser dynamischen Gegensätze gehört zu den charakteristischen Zügen Beethovens. Man widerstehe der bequemen Tendenz, Piani mit ▷ einzuleiten sowie Forti mit ◁ . In **Takt 19** steht in der Geigenstimme das letzte Achtel – wegen der Wiederholung desselben Tones im vorhergehenden Achtel – separat, also nicht mehr angebunden, was dem Sinn nicht wirklich entspricht und offenbar nur eine instrumentelle Notlösung ist. Nicht nur steht im Klavier im selben Takt eine Bindung bis zum Ende des Taktes (die Geige hat genau die gleichen Phrasierungen in den **Takten 10–21** wie das Klavier), die Bindung ist auch in der Parallelstelle **Takt 158** für beide Instrumente bis zum Taktende durchgeführt. Die Wiederholung des Es im Klavier in diesem Takt auf den letzten beiden Achteln der rechten Hand stellt kein instrumentelles Problem dar, obwohl in manchen älteren Ausgaben das letzte Achtel fälschlich als D notiert ist. Manuskript und Erstausgabe geben unmißverständlich Es an.

Ich würde die fragliche Stelle **Takt 19** in der Geige nun so lösen, daß ich die Bogenbindung bis zum Schluß des Taktes durchführe, jedoch auf dem letzten Achtel einen Finger wechsle:

Dasselbe Verfahren gilt für die Violine auch in **Takt 80,** denn die letzten beiden Noten müssen trotz der Legato-Bindung zweimal artikuliert werden. In der Henle-Ausgabe wird bezweifelt, ob der in Manuskript und Erstausgabe notierte erste Akkord **Takt 21** nur ein Schreibfehler ist, und aus diesem Grund wird das G in der rechten Hand dort weggelassen.

Der gleiche Standpunkt wird auch in anderen Ausgaben vertreten, so zum Beispiel bei Joseph Joachim. Für mich ist die originale Notation durchaus vertretbar, nämlich:

Beide Partner sollten der allgemein üblichen Tendenz zu einem cresc. im dritten Takt des Seitenthemas sowie zu einem sfz im vierten Takt – im Klavier **Takte 43–44** und in der Geige **Takte 51–52** – nicht nachgeben. Ich rate, die Begleitfigur in der Violine **Takte 41–47** immer auf zwei verschiedenen Saiten auszuführen, wie auch aus der Abschlußnote des Doppelgriffs ersichtlich ist:

In diesem Fall ist dieser Gedanke leicht umzusetzen, wohingegen sich bei der Parallelstelle in der Reprise andere Schwierigkeiten ergeben. In den **Takten 182–183** hörte ich oft – selbst im Konzertsaal –, wie die repetierten E einfach auf einer einzigen Saite wiederholt wurden, dagegen müßte die erste Note jeder Triole als Baß immer auf einer tieferen Saite gespielt werden. Also in den **Takten 182–183** das erste E jeder Triole auf der G-Saite:

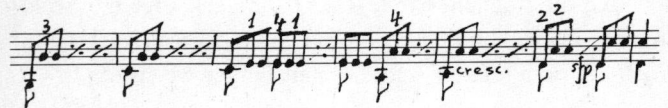

Die unterschiedliche Bezeichnung der Notenwerte in der linken Hand im Klavier der **Takte 49–54** sowie **188–193** ist zweifellos sinnvoll und beabsichtigt, und ich erwähne es nur, weil es allzuoft übersehen wird.

Ab **Takt 59** stellt die Dynamik, bedingt durch die Verschiedenheit der beiden Instrumente, die üblichen Probleme. Die Geigen-

Doppelgriffe mit dem Klang der linken Hand des Klaviers ideal zu verbinden ist sehr schwer. Normalerweise ist im Klavier jeder dieser Akkorde notwendig ein dim., während der Geiger meistens seine Doppelgriffe in gleicher Tonstärke durchhält. Eine Angleichung des Geigers müßte in solchen Fällen eine musikalische Selbstverständlichkeit sein, das heißt ein nicht notiertes, winziges dim. in jedem Takt. Leider setzen sich viele Geiger nur ungenügend mit dem gesamten Werk auseinander und versäumen, sich mit der Klavierstimme vertraut zu machen. Es war für mich immer überraschend und unverständlich, wie Pianisten (und darunter ganz hervorragende) die Trillerkette in der rechten Hand **Takte 63–71** und auch in der Parallelstelle **Takte 202–210** in der von Beethoven rhythmisch sehr genau angegebenen Weise völlig ignorierten und insbesondere die sfz auf jeder Viertelnote in den **Takten 68–70** und **207–209** unbeachtet ließen. Diese Takte werden oft als ein einziger durchgehender langer Triller ausgeführt, was sicher nicht Beethovens Absicht entspricht. Der Kommentar der Geige in den **Takten 72** bis zum ersten Achtel **Takt 75** darf das wichtigere Geschehen im Klavier nicht überschatten, dagegen kann der Geiger den Auftakt vom zweiten Achtel **Takt 75** mit einem leichten ◁ zur Übernahme des thematischen Materials versehen. Im Klavier natürlich umgekehrt, hier sollten die letzten drei Achtel **Takt 75** eher in einem leichten ▷ sein. Eine bewußte Eintakt-Phrasierung ist meines Erachtens in den **Takten 72–73** für das Klavier empfehlenswert, das gleiche trifft für die Geige **Takte 76–77** zu. In **Takt 80** rate ich (wie bereits vorher erwähnt) zu einem Fingerwechsel auf den letzten beiden Noten der Geigenstimme, um so die Originalphrasierung beizubehalten:

Für beide Instrumente besteht in **Takt 91** die Gefahr, das p sub. allzu leise zu spielen, ohne dabei zu bedenken, daß noch ein dim. folgt, das zum pp in **Takt 94** führt. Das gleiche trifft auf das p in **Takt 98** zu; ebenso **Takt 105** für das Klavier und **Takt 106** für die Violine. Am Ende von **Takt 115** empfehle ich eine Verzögerung,

um die ganz besondere und abstrakte Atmosphäre ab **Takt 116**
einzuleiten. Es bleibt jedem Geiger überlassen, ob er die beiden
pizz. in den **Takten 139–140** mit der linken oder rechten Hand
ausführt. Ich selbst habe, was Klang, richtige dynamische Dosierung und natürliche Bewegung betrifft, immer vorgezogen, das
pizz. mit der rechten Hand auszuführen, und zwar so, daß die
Zupfbewegung gewissermaßen einem Abstrich entspricht und der
darauffolgende Triller im Aufstrich eine natürliche Fortsetzung
findet.

Die ab **Takt 141** beginnende Reprise verläuft in ihrer Anordnung
genau umgekehrt zur Exposition am Anfang des Satzes. Diesmal
beginnt das Klavier. (Sollte dem Leser dieser Vorgang nicht ganz
verständlich sein, bitte ich, meine Bemerkungen zum Anfang
dieses Satzes noch einmal nachzulesen.) Es ist demnach klar, daß
die Geige (im Gegensatz zur Exposition) auch in den **Takten 150–161** die führende Stimme übernimmt. Kurz davor ist die
überraschende und geniale Modulation auf dem letzten Viertel
des **Taktes 148** vom Pianisten leicht zögernd, behutsam und liebevoll durchzuführen.

In **Takt 158** gibt es wieder Probleme in der Geigenstimme: Das
vorletzte Achtel hat weder im Manuskript noch in der Erstausgabe
ein Versetzungszeichen, könnte demnach ein A sein. In der Zeitschrift »Die Musikforschung«, 1952, und auch in manchen
modernen Ausgaben wird ein As empfohlen. Das ist durchaus
möglich, es könnte sich in Manuskript und Erstausgabe um eine
Unterlassung handeln, aber ich gebe zu bedenken, ob ein A nicht
ebenso am Platz ist!

Auf die letzten beiden Achtel der rechten Hand im Klavier
Takt 158 habe ich bereits hingewiesen. Die Wiederholung des Es
entspricht der Geigenstimme in **Takt 19** und dürfte nicht, wie in
manchen Ausgaben, in D umgewandelt werden. Übrigens weisen
Manuskript und Erstdruck ebenfalls zwei Es auf.

Die p sub. in den **Takten 161, 164, 167** und **172** sind ebenso ernst
zu nehmen wie am Anfang in den **Takten 25–33,** also nicht, wie es
so oft geschieht, mit Übergängen von $<$ zum f und $>$
zum p. Bei der Triolen-Begleitfigur der Geige **Takte 180–185** be-
ziehe ich mich auf meine Bemerkungen Seite 156.

Interessant sind im Seitenthema **Takte 180–194** die verschiedenen Oktavversetzungen im Klavier und in der Geige. In der Exposition spielen beide Instrumente im dritten Takt genau denselben Oktavsprung nach unten. Ich vermute, daß es Beethoven zu riskant erschien, den Geiger in die »Regionen des ewigen Schnees« zu schicken, daher schon der Anfang **Takte 188–189** eine Oktave tiefer als das Klavier, aber auch **Takte 192–193.** Es sieht sehr nach einem Kompromiß aus, wenn – wie notiert – die erste Triole **Takt 194** den Septimensprung nach oben vorschreibt. Die Vermeidung der hohen Lagen scheint um so merkwürdiger, als Beethoven weder im Violinkonzert noch in den Romanzen diesbezüglich Hemmungen hatte. Vielleicht ist es dem Umstand zuzuschreiben, daß die Sonaten mehr für den »Hausgebrauch« geschrieben wurden, Werke, die man nicht übte und die mehr oder weniger »prima vista« gespielt wurden, wie aus Beethovens Klage über Rodes Aufführung hervorgeht.

Ursache dafür mag auch ein gewisses Mißtrauen gegenüber Rodes technischen Fähigkeiten gewesen sein. Heute ist es selbst für den Durchschnittsgeiger keine besondere Schwierigkeit, das Thema so zu spielen, wie es für das Klavier notiert ist. Das bringt uns zu einer allgemeinen Gewissensfrage: Es gibt ziemlich viele Stellen, wo Beethoven Oktavsprünge nach unten vorschreibt, so etwa für die damals gebräuchlichen Klaviere, aber auch Flöten, die nicht denselben Umfang aufwiesen wie die modernen Instrumente. Wir müssen entscheiden, ob wir Beethovens Text – trotz seiner damals instrumentell bedingten Begrenzung – genau folgen sollen oder ob wir die Oktavsprünge vermeiden. Eine ganz schwere Entscheidung!

Für die **Takte 198–201** verweise ich den Geiger auf meine Bemerkungen zu den **Takten 59–62;** den Pianisten hinsichtlich der Triller in den **Takten 202–210** auf **Takte 63–71.** Die Dynamik in **Takt 214** in beiden Instrumenten genauso wie in **Takt 75!**

Der Geiger sollte in **Takt 219** ähnlich verfahren wie in **Takt 80,** nur eine Quinte tiefer. In den **Takten 223–233** ist die Dynamik genauso vorsichtig durchzuführen wie in den **Takten 84–94.** Der Pianist sei darauf hingewiesen, daß die Coda mit dem Triller **Takt 238** beginnt unter Beibehaltung der entsprechenden Phra-

sierung. In beiden Instrumenten die Triller immer ohne Nachschläge. Sehr genau ist auch die Dynamik **Takt 260,** speziell im
Klavier, zu befolgen, denn die Sechzehntelpassage beginnt eigentlich erst mit dem zweiten Sechzehntel, dasselbe gilt für die Geige
Takt 262. Aus diesem Grund spielt die Violine die vier Sechzehntel **Takt 261** wie auch die erste Note des nächsten Taktes als unter-
geordnete Stimme und tritt vom zweiten Sechzehntel **Takt 262** an
solistisch in den Vordergrund. Gleichfalls nachtaktig setzt die
linke Hand des Klaviers **Takt 264** ein.

Die in der Erstausgabe notierten Bindungen in der Geigenstimme
Takte 262–263 scheinen mir sinnvoll, obwohl im Manuskript die
Bindung über ganze fünf Viertel steht:

obere Bindung Erstausgabe

untere Bindung Manuskript

Der Fingersatz im vorletzten Viertel kommt im Manuskript und in
der Originalausgabe vor, stammt also von Beethoven selbst. Zur
Verdeutlichung des Geschehens kann das Klavier mit dem letzten
Viertel **Takt 275** die führende Stimme ergreifen, muß aber im letzten Viertel des nächsten Taktes zugunsten der Geige zurücktreten,
um im nächsten Takt mit dem letzten Viertel bis zum Schluß wiederum die Oberstimme zu übernehmen.

Die taktweisen Bindungen in beiden Instrumenten der **Takte
268–273** entsprechen dem Original und dürfen keinesfalls – wie
in so manchen Ausgaben – verändert werden.

Zweiter Satz: Adagio espressivo

Als einer der tiefgründigsten, innigsten und erhabensten gehört
dieser Satz zu den schönsten Kompositionen der gesamten Musikliteratur. Den idealen Dialog unserer beiden Instrumente findet
man vielleicht nur noch im langsamen Satz der Sonate op. 30 Nr. 1
und in der großen B-Dur-Sonate KV 454 von Mozart.

Gleich in **Takt 3** fehlt im Baß die untere Oktave E, die – in Klammern – in modernen Ausgaben hinzugefügt ist. Bezüglich des

Dilemmas von Oktav-Versetzungen, ob Texttreue oder sinnvolle Ergänzung angebracht ist, verweise ich auf meine Bemerkungen zum ersten Satz. Dieses fehlende E im Baß war einfach auf dem damaligen Klavier nicht vorhanden.

Viele – auch Urtextausgaben – geben keine dynamische Bezeichnung für den Anfang dieses Satzes im Klavier an, im Manuskript wie im Erstdruck steht aber ganz deutlich ein p.

In diesem ersten achttaktigen Klavierthema empfinde ich das letzte Sechzehntel in **Takt 4** fast als einen Auftakt zur Weiterführung der übrigen vier Takte. Das bedingt ein ähnliches dynamisches Zurückgehen auf den ersten drei Achteln dieses Taktes wie etwa in **Takt 8,** wo das Thema mit dem fünften Sechzehntel zu Ende geht. Es ist also für den Pianisten notwendig, die letzten drei Sechzehntel von **Takt 8** als Begleitung zu spielen, so wie die Geige nach den ersten drei Noten von **Takt 9** innehalten muß. Diese Notenfolge ist eine Wiederholung des vom Klavier einen Takt vorher gespielten Themenschlusses:

Trotz »sotto voce« sollte die Geige dies warm und innig spielen und erst dann zur Begleitung übergehen.

Die originalen Phrasierungsbogen Beethovens in diesem Satz bestätigen meine oft – auch in anderen Zusammenhängen – gemachte Feststellung, daß Phrasierungsbogen nicht identisch sind mit Bogenstrichen und Bindungen. Während ich Phrasierungen eines Komponisten uneingeschränkt zu verwirklichen suche, sind oft Bogenteilungen unerläßlich. Deswegen ist für einen Geiger – speziell heute – ein unhörbarer Bogenwechsel von ganz großer Bedeutung.

Mit einer solchen Bogenbeherrschung kann die Phrasierung eines Komponisten trotz Teilungen realisiert werden. Um nur ein Beispiel anzuführen: Ich halte es für unmöglich, Beethovens Phrasierung in diesem Satz **Takte 26–31** unter genauer Befolgung der gewünschten Dynamik in einem einzigen geigerischen Bindebogen durchzuführen. Etwas Ähnliches findet sich im langsamen Satz des zweiten Rasumowsky-Quartetts op. 59 Nr. 2, wo ebenfalls eine Phrasierung steht, die als geigerische Bindung nicht durchführbar ist.

Über die originale Pedalisierung im Klavierpart – speziell in diesem Satz – wäre viel zu sagen, aber ich überlasse das lieber kompetenteren Leuten. Es gibt hier zum Teil unverständliche Angaben, die wahrscheinlich auf dem modernen Flügel anders gedeutet werden müssen als zu Beethovens Zeit. Die verhältnismäßig kurzen cresc. in den **Takten 21 – 22** und **23 – 24** können in beiden Instrumenten eine steilere und schnellere Entwicklung nehmen als zum Beispiel die **Takte 25 – 29,** deren cresc. sich über ganze fünf Takte erstreckt und nicht nur über eineinhalb.

Die kadenzierenden **Takte 32 – 35** der Geige können frei, ohne etüdenhafte Metrik gestaltet werden. Das p sub. **Takt 38** im Geigenpart ist durch die Bezeichnung »mezza voce« gekennzeichnet und im Klavier mit p angegeben. Die Ausdrucksbezeichnung »semplice«, die am Anfang des Satzes im Klavier fehlt, deutet auf eine introspektive, verinnerlichte Wärme hin, die eben in dieser Schlichtheit nicht leicht zu verwirklichen ist. Auch für die Geige trifft die für das Klavier bereits empfohlene Phrasierung zu, damit in **Takt 41** das letzte Sechzehntel eine auftaktmäßige Verzögerung erfährt. In **Takt 45** müssen die letzten drei Sechzehntel der Geige wieder begleitend, also dynamisch abfallend, gespielt werden. Obwohl das Hauptgeschehen **Takt 49** bis zum Anfang des **Taktes 54** im Klavier liegt, sollte die Geige ihre Stimme nicht nur als reine Begleitung auffassen, sondern als tonschönen, ausdrucksvollen Kommentar. Der plötzliche und alleinstehende Doppelgriff in der Violine **Takt 54** mag dem nicht denkenden Schüler oft merkwürdig erscheinen. Natürlich ist das untere G der Abschluß der vorherigen Phrase, während das obere Es den Anfang der führenden Geigenstimme anzeigt. Ich würde – was technisch nicht leicht auszuführen ist – die untere Note mit einem > versehen und die obere mit einem < .

Eine ungewöhnliche Bezeichnung ist das p **Takt 58,** das nicht auf dem Vorschlag, sondern erst auf der Hauptnote Es notiert ist. Ich halte es für durchaus denkbar, diesen Vorschlag als Abschluß der vorherigen Phrase des zum G führenden cresc. anzusehen und erst von der Hauptnote Es an das p sub. eintreten zu lassen. Allerdings dürfte das Klavier erst auf der Hauptnote der Geige mit der rechten Hand einsetzen.

In **Takt 61** steht in der Violinstimme tatsächlich ein p sub. auf dem letzten Achtel, jedoch das in vielen Ausgaben (sogar an verschiedenen Stellen) notierte p im Klavierpart finden wir im Erstdruck überhaupt nicht. Die Lösung, das Klavier um ein ganzes Sechzehntel länger crescendieren zu lassen als die Geige, ist keineswegs überzeugend. Das p sollten meines Erachtens Klavier und Geige gleichzeitig entweder auf dem letzten Achtel beginnen oder erst am Anfang des nächsten Taktes, wie es in der Klavierstimme des Erstdrucks steht.

Die Pedalisierung **Takt 65** bringt zusätzliche Probleme für die Geige. Die rhythmische Notation ist für die Violine die gleiche wie für das Klavier, nur verfügt die Geige über kein Pedal. Ich glaube, für beide Instrumente sind lange Noten mit leichten Trennungen angebracht, besonders, weil die letzte Pedalbezeichnung **Takt 65** keine Annullierung mehr aufweist. Daher neige ich zu der Ansicht, das Pedal nicht drei Takte lang durchzuhalten.

Dritter Satz: Scherzo. Allegro

Im Gegensatz zur üblichen Auffassung empfinde ich den Charakter dieses Satzes – trotz der Bezeichnung Scherzo – durchaus nicht als scherzhaft. Sein Ausdruck – mit Ausnahme des Trios – ist eher unheimlich, schattenhaft, gespannt, sogar beängstigend oder, um Beethoven selbst – zwar in einem anderen Zusammenhang – zu zitieren, »beklemmt«. Dieses deutsche Wort läßt sich kaum in andere Sprachen übersetzen, man kann seine Bedeutung durch eine Vielzahl von Wörtern einigermaßen umschreiben, aber mit einem einzigen Wort den wirklichen Inhalt wiederzugeben ist praktisch unmöglich. Alle Achtel sind ausnahmslos ohne verkürzende Punkte notiert. Daher bin ich fest davon überzeugt, daß sie von beiden Instrumenten im vollen Wert ausgespielt werden sollen, also weder Staccato für das Klavier noch Martelé oder Spiccato für die Geige. Auch unterstreicht das sfp auf jedem Auftakt das Unheimliche des Charakters. Für den Geiger ist eine geplante Bogeneinteilung die beste Lösung, und zwar im folgenden Sinn:

Es bedarf im Grunde keiner Erwähnung, daß das Thema der ersten acht Takte im Klavier liegt und daß die folgenden acht Takte eine getreue Wiederholung in der Violine darstellen. Diese Situation wiederholt sich in der zweiten Hälfte des Themas, also Klavier **Takte 17–24** und Geige **Takte 25–32.** Ich hebe es hier aber hervor, weil Geiger oft dazu neigen, selbst während des thematischen Geschehens im Klavier die Führungsrolle zu übernehmen, statt gemeinsam mit der linken Hand des Klaviers die harmonisch-begleitende Funktion auszufüllen. Wie bereits angedeutet, ist der Charakter des Trios ganz anders geartet als der des Scherzos; hier macht sich eine wienerische Behäbigkeit, ja Gemütlichkeit bemerkbar. Das Tempo kann meines Erachtens im Trio etwas langsamer sein als im Scherzo. Anfänglich, in den ersten acht **Takten 33–40,** führt die Geige und wird in den **Takten 41–48** getreu vom Klavier nachgebildet.

Die dann eingeschobenen vier **Takte 49–52** in der Geige sind auffallend wienerisch und könnten vom Walzerkönig Johann Strauß oder auch von Fritz Kreisler stammen. Ab **Takt 53** beginnt die Geige den in **Takt 57** vom Klavier übernommenen Kanon. Hier stoßen wir auf die Schwierigkeit, dem Willen des Komponisten in dynamischer Hinsicht zu folgen, denn sowohl das cresc., das seinen Höhepunkt mit dem dritten Viertel **Takt 64** erreicht, als auch das darauffolgende dim. gehen über weite Strecken: cresc. über ganze zwölf Takte und dim. sogar über fünfzehn Takte. Eine vorsichtig dosierte und langsame Entwicklung in beiden Richtungen ist daher notwendig. Die codahaften letzten acht Takte dieses Trios sollten äußerst zart nur hingehaucht werden. Ein winziges abschließendes Calando ganz am Schluß scheint mir angebracht. Bemerkenswert ist, daß Beethoven ganz vereinzelte Fingersätze für die Geige schrieb, so in den **Takten 37, 55** und **58,** die er offenbar für kompliziert hielt. Von ihrer Anwendung ist entschieden abzuraten!

In der wirklichen Coda, wo das Thema des Scherzos in den ersten acht Takten wieder im Klavier liegt – bis zum Schluß des Satzes von der Geige gefolgt –, erscheint es zum erstenmal in besänftigendem, aussöhnendem und friedlichem Dur. Ich nehme diese Coda daher in einem nur wenig langsameren Tempo als das Scherzo, etwa dem Tempo des Trios entsprechend. Am Schluß hat der Triller in der Geige original einen Nachschlag und ist für mich ein weiterer Beweis dafür, daß Beethoven in Kompositionen seiner späten Periode die gewünschte Ornamentik viel genauer angegeben hat. Ich verweise hier noch einmal auf meine Bemerkungen zu den Nachschlägen am Anfang dieser Sonate. Beethoven wünschte ausdrücklich, daß das »da capo« des Scherzos in vollem Umfang ausgedruckt werden sollte, was in der Erstausgabe wie auch in den weiteren Ausgaben meist befolgt wurde.

Vierter Satz: Poco Allegretto

Dieser mit einem jovialen Thema beginnende Satz ist nach verschiedenen und zuverlässigen Aussagen ein zu Beethovens Zeiten bekannter Wiener Gassenhauer gewesen. Mir scheint diese Erklärung durchaus akzeptabel, wenn man bedenkt, wie Beethoven oft banale Themen auch anderer Komponisten aufgriff und in großartigen, tiefgründigen Variationen entwickelte. Ich denke hier zum Beispiel an die Kakadu-Variationen op. 121 A, die Diabelli-Variationen op. 120 oder auch die Klaviertrio-Variationen op. 44. In diesem Satz haben wir auch ein Thema mit Variationen, so daß sich ein Vergleich gewissermaßen aufdrängt.

Die Artikulation im Thema sollte, besonders vom Pianisten, genauestens befolgt werden, denn in meiner Erfahrung spielen diese oft folgende falsche Phrasierung:

statt:

was dem Geiger nicht so leicht passieren kann, wenn er die originalen Striche befolgt. Nicht unwesentlich scheinen mir die in der
Erstausgabe notierten Bindungen, die von den meisten Ausgaben
(und vom Manuskript) abweichen. Zuerst ist in der Originalausgabe der **Takt 7** in der Geige mit dem ersten Achtel des nächsten
Taktes verbunden:

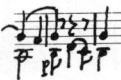

In der rechten Hand des Klaviers ist der **Takt 8** mit dem ersten
Viertel des nächsten Taktes verbunden:

In **Takt 13** steht in vielen Ausgaben für beide Instrumente eine
Bindung vom ersten Viertel zu den folgenden zwei Sechzehnteln:

In der Originalausgabe steht:

was mir viel sinnvoller scheint.

In dieser Erstausgabe ist im Geigenpart eine Bindung **Takt 22** bis
einschließlich des ersten Achtels **Takt 24** angegeben:

Hier scheint mir die Bindung im Manuskript richtiger:

Das Tempo dieses Themas sollte nicht zu schnell sein, was einerseits im wienerisch-gemütlichen Charakter liegt, aber auch in der

Bezeichnung »Poco Allegretto«, also einem Andantino angenähert. Übrigens steht in der Geigenstimme der Originalausgabe der folgende Titel: »Poco Allegretto Variazioni«, was meines Wissens in keiner Ausgabe vermerkt ist. Es gibt viele Anhänger der Theorie, alle Variationen immer und überall im gleichen starren Tempo zu nehmen. Dies entspricht keinesfalls meiner Ansicht, denn einmal war Beethoven selbst ein Rubato-Spieler par excellence, zum anderen gehört es zur interpretativen Aufgabe des Spielers, jeder Variation den ihr entsprechenden Ausdruck zu verleihen, was oft durch verschieden zu gestaltende Agogik notwendig wird, und schließlich werden in besonders extremen Fällen vom Komponisten selbst Tempoveränderungen vorgeschrieben, so in diesem Satz das »Adagio espressivo« **Takt 145** und das »Allegro« am Ende von **Takt 173.** Am Schluß sogar »poco adagio« am Ende von **Takt 275** und »Presto« **Takt 288.**

In der ersten Variation **Takte 32–48** sind in der Erstausgabe sehr unterschiedliche und nicht immer logische Bindungen angegeben, so daß ich die Meinung einiger Herausgeber teile, die etwas mehr Ordnung in dieser Frage nicht als Sakrileg betrachten.

Bei der zweiten Variation **Takte 48–80** sollten beide Instrumentalisten den rhythmischen Unterschied der ersten Note jedes Taktes nicht übersehen; die linke Hand des Klaviers hat – bis auf den letzten Takt – immer ein Viertel, ebenso die rechte Hand in den **Takten 57–63** und **72–79.** Auch der Geiger achte darauf, die Viertelnote in den Begleitfiguren **Takte 49–55** und **64–71** voll auszuhalten, um so den beabsichtigten Gegensatz zum Achtel im thematischen Geschehen hervorzubringen. Für den Geiger mag es von Interesse sein, daß ich die mit einem Praller versehene Phrase immer auf der G-Saite spiele und so die Zweistimmigkeit durch die Klangverschiedenheit der Saiten verdeutliche **(Takte 56–64):**

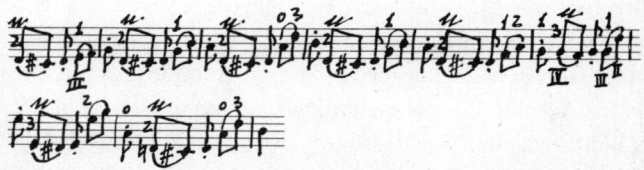

Das gleiche trifft für **Takte 72–80** zu:

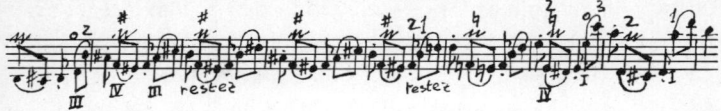

Es gibt natürlich leichtere und sicherere Fingersätze, aber das
Geigen ist ohnehin leichter, wenn man nicht höhere musikalische
Ansprüche stellt! In der dritten Variation **Takte 81–112** wechseln
Ober- und Unterstimme alle acht Takte; das Klavier hat zuerst die
Oberstimme in den **Takten 81–88,** die Geige übernimmt vom
letzten Achtel des **Taktes 88** die Führung und wiederholt genau,
was das Klavier vorher gespielt hat. Mit dem Auftakt des letzten
Achtels **Takt 96** übernimmt wieder das Klavier die Oberstimme
und die Geige mit dem Auftakt zu **Takt 104.** Sehr merkwürdig ist
die Eigenwilligkeit (wenn nicht ein Versehen), daß die Geige genau die in den **Takten 89–96** und auch **104–112** vorhergehende
Aussage des Klaviers wiederholt, mit der eigentümlichen einzigen
Veränderung **Takt 106,** wo das zweite Achtel in der Violine als H
notiert ist und im Klavier genau bei der gleichen Stelle **Takt 98** als
Fis, vielleicht, um der Verdoppelung des Fis auszuweichen, da hier
die Begleitfigur im Klavier variiert wird.
Das in manchen Ausgaben hinzugefügte »espressivo« in der Geigenstimme **Takt 97** sollte besser wegbleiben, denn sowohl dem
Buchstaben (espressivo nur in der Klavierstimme) als auch dem
Geiste entsprechend hat die Geige hier nur die Unterstimme. Anders wäre es, wenn im Geigenpart **Takt 105** ein vom Herausgeber
in Klammern hinzugefügtes »espressivo« erscheinen würde, denn
hier übernimmt die Geige die vom Komponisten mit »espressivo«
bezeichnete Parallelstelle im Klavier **Takt 97.**
Das »a tempo« in der Klavierstimme **Takt 101** (im Geigenpart
fehlt die Bezeichnung in Manuskript und Originalausgabe, wurde
in den meisten Ausgaben aber richtigerweise ergänzt) gab Anlaß
zu den verschiedensten Auslegungen. Allerdings wäre dieses »a
tempo« sinnlos ohne vorherige Tempoveränderung. Ein entspre-
chendes Accelerando ist eigentlich undenkbar, so daß nur ein in
manchen Ausgaben hinzugefügtes »un poco ritenuto« übrigbleibt.
Etwas schwieriger gestaltet sich die Frage der Dynamik; in

Takt 97 steht nämlich im Klavierpart nur ein cresc., das unmittelbar anschließend durch $\diagup\!\!\!>$ gemildert ist. Nun führt dieses
cresc. über nicht weniger als sechzehn Takte zum f in **Takt 113.**
Daß die Geige diesem Treiben teilnahmslos zusieht oder besser
zuhört, ist unwahrscheinlich. Daher sollte in **Takt 97** anstatt des
hinzugefügten »espressivo« ein ebenfalls in Klammern geschrie-
benes »cresc. $\diagup\!\!\!>$ « stehen. Eigentümlich, wenn auch verständlich, ist die Gewohnheit vieler Interpreten, agogisches Geschehen
durch eine ungewollte und unkontrollierte Dynamik zu untermal-
len. Wenn also vor dem »a tempo« **Takt 101** eine agogische Verschiebung eintritt, wird diese zwar fast immer mit dem beabsichtigten cresc. ausgeführt, jedoch beim »a tempo« ein »p sub.« ein-
geschaltet, das nicht unbedingt gerechtfertigt ist.

In der nächsten Variation **Takte 113–144** sollte wieder genau beachtet werden, welcher der duettierenden Partner die Oberstimme hat, um auch hier dem Zuhörer das tatsächliche Verhältnis
klar darzustellen. In den **Takten 115–116** beherrscht allein das
Klavier das Geschehen, die Geige pausiert. Anders aber in den
Takten 119–120, wo die Geige die Oberstimme hat, desgleichen
Takte 123–124. Takte 127–128 ist das Klavier wieder an der
Reihe und ganz offensichtlich auch in den **Takten 131–132. Takte
135–136** und **139–140** führt abermals die Geige, aber am Schluß
der Variation **Takte 143–144** hat das Klavier die Hauptstimme,
die auch sinngemäß in die nächste Variation überleitet und vom
Klavier mit der begleitenden Violine weitergeführt wird. Bevor
ich mich dieser neuen Adagio-Variation zuwende, möchte ich
nicht unerwähnt lassen, daß es recht oft (selbst in öffentlichen
Konzerten) bei beiden Partnern an Konzentration fehlt: Die Akkorde der beiden Stimmen sind rhythmisch verschieden angeord-
net, und bei einer gewissen Unaufmerksamkeit kann es vorkommen, daß die Akkorde in beiden Stimmen irrtümlich gleichzeitig
erklingen!

Und nun zur Adagio-Variation: Die Achtel der Geige sollten in
kammermusikalischem Sinne in Klang, Dynamik und Notenlänge
der linken Hand des Klaviers angepaßt werden, es empfiehlt sich
daher, jeder Note anfänglich einen ganz leichten Akzent zu geben
und entsprechend der Natur des Klaviers auf jedem Achtel ein

winziges dim. anzubringen. Ich plädiere dafür, alle Triller dieser Variation ohne Nachschlag zu spielen, obwohl die Versuchung gerade im ersten Takt des Klaviers und in **Takt 149** in der Geige sehr groß ist. »Entbehren sollst du, sollst entbehren.« (Faust I)

Viele Pianisten und Geiger halten die mit einer Fermate versehene Achtelnote **Takt 148** während der chromatisch absteigenden Kadenz des Klaviers durch. Das leuchtet mir keineswegs ein, denn erstens ist keine Pedalisierung angegeben, und zweitens ist dieses vierte Achtel in der Geige wie auch für beide Hände im Klavier gleich notiert. Geige und linke Hand des Klaviers sollten meines Erachtens gleichzeitig vor Beginn der Kadenz aufhören, um ein Harmoniechaos zu verhüten. Das gleiche gilt auch für die zweite Klavierkadenz. Die in der Erstausgabe notierte Anmerkung »langsam« bei der ersten Klavierkadenz (bei der zweiten fehlt sie, vermutlich, weil selbstverständlich) wird von Pianisten nicht immer befolgt. Gewiß soll diese frei, also »rubato« gestaltet werden, aber mit ruhiger und langsamer Grundstimmung. Es ist schließlich nicht zu vergessen, daß diese Kadenzen in einer Adagio-Variation stehen.

Zwischen der letzten Note Fis des Klaviers beim ersten Mal und später H in **Takt 156** übernimmt die Geige genau dieselbe Tonhöhe, so daß der Geiger sich in der Intonation präzise nach dem Klavier richten muß. Nach einem kurzen Verklingen des Klaviers, dem keine Pause folgt, kann der Geiger sich zum Vortrag des Themas allmählich emporranken. In **Takt 152** sind die letzten beiden Achtel für die Violine bereits als Unterstimme aufzufassen.

Das lang ausgehaltene Fis in der Geige **Takte 153–156** ist in diesem langsamen Tempo ohne Bogenteilung klanglich nicht gut zu realisieren. Ich benutze hier einen Trick, den ich den Lesern gerne verrate: Ich teile den Bogen jeweils, wenn das Klavier genau denselben Ton in der rechten Hand anschlägt, also in den **Takten 154–155** auf dem dritten Achtel. Das ergibt eine gute Tarnung, und das lange Fis klingt wirklich wie *eine* durchgehaltene Note. In **Takt 158** empfiehlt es sich für den Geiger, auch das letzte C auf der A-Saite zu spielen, damit er ein echtes Legato zwischen den ersten zwei Achteln des nächsten Taktes ohne Wechsel auf nicht benachbarten Saiten ausführen kann. In den **Takten 160–162** ist das erste Achtel der Geige immer noch espressivo zu spielen und erst ab dem zweiten Achtel begleitend. **Takt 163** darf vom Geiger frei gestaltet werden, und der Pianist kann dieser Freiheit mit Sympathie entgegenkommen. In der Erstausgabe steht in der Geigenstimme (nicht im Klavier) am Ende des **Taktes 163** ein rit., aber in **Takt 164** das p und dolce nur in der Klavierstimme. Offensichtlich gelten diese Bezeichnungen für beide Instrumente. Das p nach dem cresc. **Takt 170** fehlt in der Erstausgabe in beiden Stimmen, ist jedoch im Manuskript vorhanden.

In **Takt 176** des Allegros ist das sechste Sechzehntel in der rechten Hand des Klaviers sicherlich ein Irrtum, denn dieser Terzensprung kommt in den **Takten 174** und **178** sowie in der Geige **Takte 182** und **184** bei gleichgearteter Notenfolge nicht vor. Es sollte daher folgendermaßen korrigiert werden:

Man unterlasse das gewohnheitsmäßige sf in den **Takten 181** und **189** sowie **197**. Ein sf in **Takt 204** fehlt zwar in der Erstausgabe, ist jedoch wahrscheinlich.

Ein strittiger Punkt bleibt, ob das zweite Achtel **Takt 218** ein G oder, in Anlehnung an die Folge des Fugatos, ein Gis sein soll. In den **Takten 222, 226** und **230** ist das abwärtsführende zweite Achtel tatsächlich ein Halbton, wohingegen in **Takt 234** ausnahmsweise ein Ganzton vermerkt ist. Persönlich neige ich zu der Ansicht, daß das zweite Achtel **Takt 218** als G gemeint ist, obschon dieselbe Notenfolge in **Takt 226** der Geige ein Gis aufweist.

Die letzten beiden Achtel in **Takt 223** sind im Manuskript und im Erstdruck zweimal als B notiert. Ihre Berechtigung wird erheblich angezweifelt, denn analog zur sonstigen Stimmführung müßte die letzte Note ein A sein.

Manuskript und Erstdruck:    oder:

Beide Interpreten sollten nicht vergessen, daß die Wiederholung dieses Satzanfangs in **Takt 245** im bereits von **Takt 174** bezeichneten »Allegro« steht, also wesentlich schneller als am Anfang im »Poco Allegretto«.

In den **Takten 261–264** hat die Violine die Oberstimme, und ich empfehle dem Pianisten, Zurückhaltung zu üben. Umgekehrt ist die Situation in den **Takten 265–267**.

Auch in den **Takten 270–271** finden sich in der Geigenstimme Fingersätze von Beethoven, die recht primitiv sind. Ganz besonders wichtig ist es, davon abzusehen, weil diese Passage sogar bis heute als riskant und gefährlich gilt (siehe Carl Flesch: Die Kunst des Violinspiels, Band 2).

Das »poco adagio« sollte zart – nur wie eine Erinnerung – gespielt und die thematische Aufteilung zwischen beiden Instrumenten in klanglich und dynamisch idealer Angleichung durchgeführt werden. Eine graduelle Abschwächung der Dynamik und des Ausdrucks in den letzten vier Takten vor dem Presto scheint mir angebracht, und eine Steigerung durch ein nicht bezeichnetes ff in den letzten vier Takten ist kein Sakrileg.

Nun noch eine kurze persönliche Coda: Diese einzigartige und herrliche Sonate op. 96 lege ich allen Interpreten wärmstens ans Herz, ja sogar noch mehr als die vorherigen Werke dieser Serie. Nebst allen anderen prachtvollen Sonaten empfinde ich gerade diese letzte Sonate als die Krönung dieser Gattung. Mögen alle Interpreten den tieferen Sinn dieses nicht leicht zu interpretierenden Werkes erforschen; ein profundes musikalisches und geistiges Erlebnis wird ihnen zuteil.

Nachtrag aus pianistischer Sicht

von
Günter Ludwig

Überlegungen zu Beethovens Pedal-Zeichen

Der Gebrauch des Pedals zählt allgemein zu den persönlichen Freiheiten eines Pianisten, vergleichbar vielleicht der Freiheit im Gebrauch des Geigenbogens, wo der Komponist dem Spieler überläßt, die Strichart und (mit seltenen Ausnahmen) die Saite zu wählen; auch vergleichbar dem Vibrato des Streichers. In der Pedalisierung zeigt sich denn auch die individuelle Klangphantasie eines Spielers am stärksten. Die Ped.-Zeichen der Komponisten werden aus diesem Grund gerne übersehen. Man nimmt Pedal nach Gefühl, zur Verstärkung oder Nuancierung des Klangs, zur Unterstützung des Legatos und so weiter.

Bei der Wiedergabe der Klaviermusik aus der Romantik gebraucht man das Pedal so gut wie immer. Ein Spiel mit zuwenig Pedal klingt meist trocken und stumpf. Selbst bei der Klaviermusik von Beethoven ist es heute üblich, und wohl auch notwendig, reichlich zu pedalisieren. Der Grund dafür ist offensichtlich der, daß unsere heutigen Instrumente ohne Pedal nicht gut klingen.

Ein Vergleich mit einem Instrument der Beethoven-Zeit macht deutlich: Obwohl das Klangvolumen bei den alten Instrumenten kleiner ist, kommt man mit weniger Pedalgebrauch aus. Das heißt, die alten Instrumente haben relativ mehr Resonanz.

Bei einem modernen Flügel ist der Pedalgebrauch bei liegenden Baßtönen wegen des viel größeren Klangvolumens oft problematisch.

Beispiel: Violinsonate Nr. 9 A-Dur op. 47, 2. Satz, Takte 205–212

In den Violinsonaten von Beethoven gibt es Ped.-Zeichen vom Komponisten in den Sonaten Nr. 5, 6, 7, 9 und 10. Es ist immer das rechte Pedal gemeint, also das Heben und Schließen der Dämpfung. Die Notation für den Pedalgebrauch hat sich um das Jahr 1800 allmählich entwickelt.

Joseph Haydn notiert in seiner Londoner Sonate in C-Dur (1795): »open Pedal«. Er meint das Heben der Dämpfung, das Mitschwingen aller Saiten:

Beethoven notiert 1800 in der Sonate op. 24, am Schluß des zweiten Satzes, im Manuskript »senza sordino« – was heißen soll: mit (r.) Pedal. Am Anfang der Klaviersonate cis-Moll op. 27 Nr. 2 notiert er: »Si deve suonare tutto questo pezzo delicatissimamente e senza sordino.« In einer Skizze um das Jahr 1790 notiert er: »mit dem Knie« (seitlicher Kniehebel für das Heben der Dämpfung). Nach 1800 setzt sich die Bezeichnung »Ped« allmählich durch. Das una-corda-Pedal (Verschiebung) wird in den Violinsonaten nie verlangt, was natürlich nicht heißt, daß man davon keinen Gebrauch machen darf. Beethoven erhielt 1803 einen Erard-Flügel mit vier Pedalen (Verschiebung, Moderator, Dämpfung und Lautenzug), und wir können mit Sicherheit annehmen, daß er die neuentwickelten klanglichen Möglichkeiten dieses Instruments voll ausgeschöpft hat. Auch den Tonumfang seiner Klaviere hat er ausgespielt, und wenn er (um das Jahr 1800) über das f''' hinaus wollte, mußte er mit der tieferen Oktave vorliebnehmen. Zum Beispiel müssen in der Sonate Es-Dur op. 12 Nr. 3, erster Satz, Takte 56–57 die Oktavtöne fis''' und g''' selbstverständlich ergänzt werden:

Beethovens Pedal-Zeichen und Vorschläge für ihre Ausführung

Sonate Nr. 5 F-Dur op. 24 (Frühlings-Sonate):

Ped. am Schluß des zweiten Satzes (Resonanz – volles Pedal):

Sonate Nr. 6 A-Dur op. 30 Nr. 1:

Ped. am Schluß des zweiten Satzes (Ped. über die Pause – halbes Pedal):

Sonate Nr. 7 c-Moll op. 30 Nr. 2:

Erster Satz, Takte 216–217 (Zusammenfassung einer crescendierenden Passage und Resonanz für zwei Staccato-Akkorde – volles
Pedal):

Am Schluß des zweiten Satzes: den crescendierenden Akkord
piano und erst auf dem vierten Viertel Pedal (cresc.-Effekt), den
letzten Akkord pp und fast ohne Pedal. So kann man annähernd
die gewünschte Wirkung erreichen:

Die Ped.-Zeichen in diesen drei Sonaten sind nicht eigentlich bemerkenswert. Ich meine damit, man würde diese Stellen genauso oder sehr ähnlich pedalisieren, wenn nichts dastünde. Vermutungen darüber, daß Beethoven nur an den von ihm bezeichneten Stellen eine Pedalisierung wünschte, halte ich für abwegig. In der G-Dur-Sonate op. 30 Nr. 3 steht zum Beispiel nicht ein Ped.-Zeichen – natürlich kann man diese Sonate nicht ohne Pedal spielen.

Bemerkenswert und zum Teil problematisch sind allerdings einige mit Ped. bezeichnete Stellen in der 9. und 10. Sonate (op. 47 und op. 96).

Sonate Nr. 9 A-Dur op. 47 (Kreutzer-Sonate), 1. Satz:

Takte 36–37:

Das Ped. faßt eine ff-Passage zusammen. Die Aufhebung soll erst, nach der Pause, im nächsten Takt erfolgen. Der p-Einsatz der Geige wird dabei leicht vom Klavier überdeckt. Man sollte das letzte C im Baß nicht zu stark anschlagen und die Fermate sehr lange halten. Beim Einsatz der Geige (viertes Viertel) hebt man das Pedal halb und zu Beginn des nächsten Taktes ganz auf. So kommt etwa die gewünschte Wirkung heraus.

Takte 115–116:

Im ersten Adagio-Takt mp anfangen, auf der zweiten Takthälfte
cresc. Pedal. Den zweiten Takt pp und fast ohne Pedal.

Takte 561–574:

Dieses Ped.-Zeichen steht, nach meiner Meinung, zwei Takte zu
früh. So kommt jedenfalls der Unterschied zwischen der Gruppe
mit den getrennten Vierteln und der Gruppe mit den gebundenen
Halben nicht heraus. Eine Angleichung wird Beethoven kaum im
Sinn gehabt haben. Das Pedal sollte in den letzten Takten nicht
gewechselt, aber allmählich immer mehr aufgehoben werden, um

den Klang zu verdünnen. In Takt 574 ist ein Ritardando zu empfehlen. In Takt 579 Ped. erst in der zweiten Takthälfte (cresc.), in
Takt 580 das Pedal allmählich anheben (dim.).

Sonate Nr. 9 A-Dur op. 47 (Kreutzer-Sonate), 2. Satz:

Var. III, Takte 113–114 und 132–133:

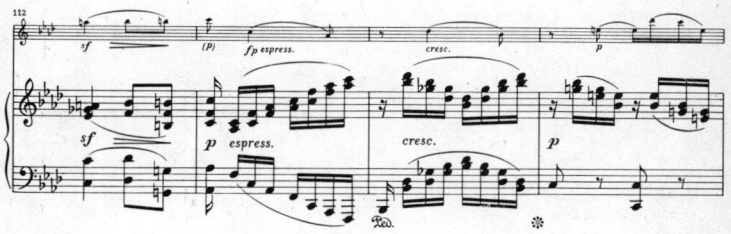

Erster Takt halbes Ped. ab zweitem Sechzehntel (senza cresc.),
zweiter Takt volles Ped. auf Taktanfang (cresc.).
Takte 192–193:

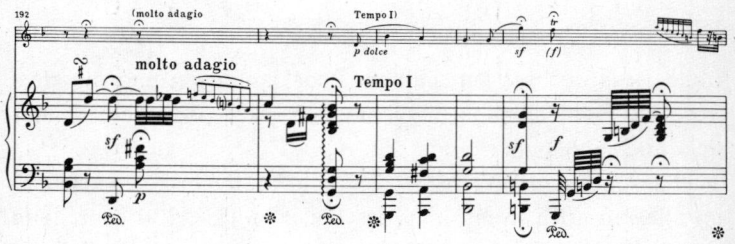

Das Pedal läßt sich genauso nehmen wie notiert, wenn man das
stacc. D im Baß nicht zu stark und das Fis sehr leise nimmt. Zur Sicherheit greife ich das D im Baß stumm nach, nachdem ich den
Akkord angeschlagen habe. Ich kann so – falls die Resonanz am
Taktende zu dick ist – das Pedal halb wechseln, ohne das D im Baß
zu verlieren und ohne den charakteristischen Mischklang (Dur-
Moll) abzubrechen. Wenn man das D im Baß mit dem Tonhalte-
pedal (mittleres Pedal) festhält, kommt eine Wirkung heraus, die
mich nicht befriedigt.

Die Coda des zweiten Satzes enthält Ped.-Zeichen, die uns einen
anschaulichen Hinweis geben über die Farbigkeit und Resonanz,
die sich Beethoven dabei vorgestellt hat. Hier erfordert der Pedalgebrauch größte Flexibilität und ein waches Ohr. Es ist dabei genauso wichtig, herauszufinden, wie man mit dem Pedal umgeht,
und nicht nur, wo man es tritt.

Ab Takt 205 sollte man das tiefe F im Baß pp nehmen, das Pedal
nicht zu tief (siehe Seite 175).

Takte 214–216:

Ohne Pedalwechsel, mit halbem Pedal anfangen und mit dem
cresc. das Pedal allmählich voll niederdrücken. Beim dim. wieder
allmählich anheben.

Die Pausen in den Takten 219–222 sind kaum hörbar zu machen;
am ehesten noch, wenn man das Pedal in Takt 220 ganz dünn
nimmt. Man ist dabei sehr abhängig vom gleichmäßigen Fall der
Dämpfer und vom genau eingestellten Pedal. Daß die letzten
Takte des Satzes pedalisiert werden müssen, versteht sich wohl
von selbst:

Sonate Nr. 9 A-Dur op. 47 (Kreutzer-Sonate), 3. Satz:

Takte 122–126:

Pedal und Dynamik unbedingt genau wie notiert.

Takte 284–290:

Wenn die drei Takte vor Beginn des Ped.-Zeichens ohne Pedal gespielt werden, kommt die Pedalwirkung am schönsten heraus. Der
Klavierklang der Takte 287–290 soll sich mit dem Cis der Geige
mischen. Am besten mit halbem Pedal, damit der Nachhall nicht
zu stark wird und man die Pausen zumindest noch ahnt.

Sonate Nr. 10 G-Dur op. 96:

In dieser Sonate gibt es, wenn wir uns an den Text halten, einige
schwer realisierbare Pedal-Vorschriften (?).

Sonate Nr. 10 G-Dur op. 96, 1. Satz:

Ab Takt 247 (zwei verschiedene Akkorde unter einem Pedal):

Ich versuche zu beschreiben, wie ich mir diesen Abschnitt vorstelle. Beethoven möchte anscheinend die chromatische Entwicklung von C-Dur (Takt 240) nach G-Dur (Takt 260) stufenlos ausgeführt haben. Der Dialog zwischen Baß (Klavier) und Geigenstimme wird verwoben von der durchlaufenden Achtellinie im Klavier. Das Pedal – solange wie möglich gehalten – unterstützt das Schweben und Gleiten der Stimmen und schafft dazu eine räumliche Wirkung.

Die Ausführung dieser (auf heutigen Instrumenten) schwierigen Stelle gelingt leichter, wenn man schon die ersten Töne der linken Hand in Takt 247 pp spielt. Das Pedal, wie bei allen ähnlichen Stellen, ganz dünn. Aber doch nur dort wechseln, wo es notiert ist. Mit Ausnahme von Takt 254: Hier sollte das Pedal bereits vor dem dritten Viertel aufgehoben werden – analog Takt 250 und entsprechend dem Manuskript.

Eine andere Möglichkeit in Takt 247 wäre, das Pedal auf dem dritten Viertel zu wechseln, in der rechten Hand alle Töne legatissimo (quasi Ped.).

Sonate Nr. 10 G-Dur op. 96, 2. und 4. Satz:

Auch hier gibt es einige Ped.-Zeichen, die uns überraschen und nachdenklich machen, so die Takte 10–11:

die Takte 47–49, 54, 56–59, 65–67:

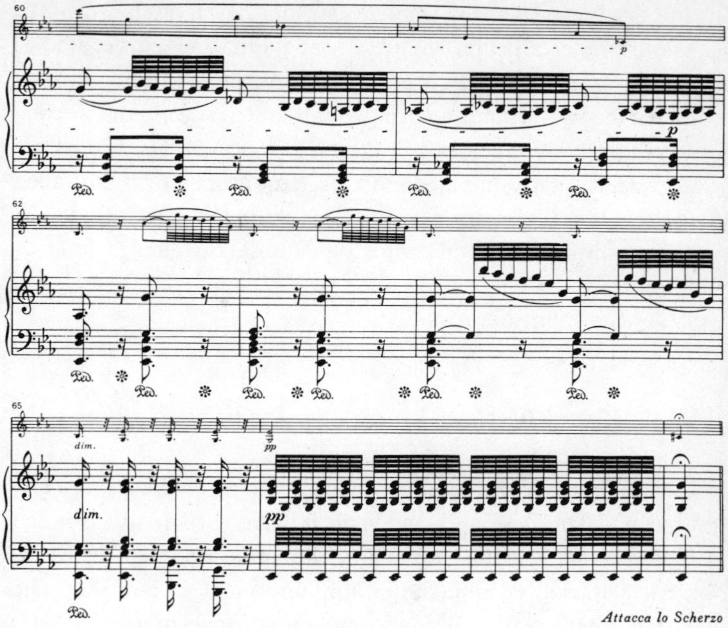

und ähnlich die Takte 172–173 im vierten Satz:

Die atmenden Pausen und die räumlich-schwebende Wirkung aus der überhängenden Pedalisierung lassen sich am ehesten (wie bei den früheren Beispielen) mit einem ganz leichten Anheben des Pedals (nicht Pedalwechsel) realisieren. Wenn man ganz genau sein will, sollte man im Takt 54 das Pedal erst auf der zweiten Note nehmen, wie im Manuskript ganz deutlich angegeben.

Die Konsequenz aus Beethovens Pedal-Zeichen, auf das ganze Werk übertragen, führt uns in eine Klangwelt, die weit abliegt vom Weg der Konventionen. Die Merkwürdigkeiten und Rauheiten,

die uns erschrecken, sind nicht alle wegzuerklären mit Beethovens
Ertaubung oder mit den anderen Klangverhältnissen der damaligen Instrumente. Die Pedal-Zeichen überraschen uns weniger,
wenn wir sie in Verbindung bringen mit den heftigen Ausbrüchen
und Wechselbädern seines gewaltigen Temperaments. Ein Genie
wie er macht sich seine eigenen Gesetze, in der Form und auch
ästhetisch. Uns bleibt die fast unlösbare Aufgabe, die Gebilde seiner überwältigenden Phantasie so genau darzustellen, wie er es
verlangt.
Der Gewinn lohnt die Mühe.

Ensemblespiel – von der Partnerschaft

Wir haben Fortschritte gemacht. Wir sprechen von Duos, vom Ensemblespiel. Die Zeiten sind noch nicht lange vorbei, wo es für den
»Begleiter« des Virtuosen, auch bei Sonaten, als höchstes Kompliment galt, daß er anpassungsfähig und nicht zu laut war. Die
beiläufig hingeworfene Bemerkung eines Konzertbesuchers, der
Pianist sei vielleicht doch ein wenig zu laut gewesen, machte alles
zunichte, was der arme Kerl im Laufe des Abends an Phantasie
und Darstellungskraft aufgebracht hatte.
Die Angst der Streicher vor dem Flügel, besonders vor dem geöff-
neten Flügeldeckel, ist allerdings immer noch weit verbreitet und
manchmal so groß, daß die dynamische Reduzierung des Klavier-
klangs auf ein Minimum zum wichtigsten Punkt wird. Die dabei
entstehende Monotonie und Blässe im Ausdruck nimmt man hin.
Die Anpassungsfähigkeit und Zurückhaltung in Dynamik und
Ausdruck werden dabei zu den wesentlichen Qualitäten. Aber ist
das richtig im Sinne des Komponisten? Im Sinne der Komposition?
Ein moderner Konzertflügel mit der üblichen brillanten Intonation ist sicher nicht das ideale Instrument für die Duo-Sonaten der
klassischen Literatur. Die Klaviere der Beethoven-Zeit klangen
weniger voluminös und waren transparenter in den Bässen – aber
die Lederhämmer erzeugten einen härteren Ton. Wir müssen davon ausgehen, wie wir auf den heute vorhandenen Instrumenten
Musik machen können. Der Flügel sollte nicht zu groß und weich

intoniert sein. Es ist keine Frage, daß das Ensemblespiel mit Streichern an einem modernen Flügel eine viel differenziertere Anschlagskunst erfordert als an den alten Instrumenten. Besonders die Abstufung der Dynamik zwischen pp und mf muß sehr genau nuanciert werden. Die Zurückhaltung im f bis ff darf nicht auf Kosten des Ausdrucks gehen.

Es ist nun aber mit einem einseitigen Entgegenkommen nicht getan. Das Problem läßt sich mit dem geschlossenen Flügeldeckel und mit einseitiger Rücksichtnahme nicht lösen. Indem man dem Klavier einen Teil seiner Qualitäten nimmt, schafft man keinen brauchbaren Ausgleich. Solange der Geiger sich dynamisch am Streichquartettspiel orientiert, wird es ohne Frustrationen nicht gehen. (Der Komponist hatte bei der Komposition von Duo-Sonaten sicher keinen Streichquartettklang im Ohr.) Ebenso, wie sich der Pianist nach den klanglich-dynamischen Möglichkeiten des Streichinstruments einrichten muß, sollte sich der Geiger an den Gegebenheiten des Klaviers orientieren.

Die Sonaten, von denen hier die Rede ist, sind jedenfalls Duos, Dialoge. Voraussetzung für ein musikalisch befriedigendes Zusammenspiel sind starke und sichere Partner, die beide ihre Stimme wie die ganze Partitur souverän beherrschen. Beide Spieler orientieren sich primär an der Partitur. Das Ziel ist das Erklingen der Komposition, nicht das Zusammensetzen zweier Stimmen. Unentbehrlich – bei beiden – sind die Fähigkeit und Bereitschaft zum Zuhören wie zum Führen, die Fähigkeit zu klanglicher und dynamischer Abstufung in allen Ausdrucksbereichen, Phrasierungskunst, Flexibilität, ein sicheres Tempogefühl. Die technische Beherrschung der Instrumente sollte nicht bescheidener sein als die eines Virtuosen.

Selbst bei solchen Voraussetzungen wird niemandem das Glück des idealen Zusammenspiels geschenkt. Auch wo sich beim ersten Musizieren eine spontane Übereinstimmung zeigt, braucht man viel Zeit zum Proben. Zeit zum Ausprobieren mehrerer Möglichkeiten, eine Phrase zu bilden, eine Steigerung aufzubauen, Klang und Dynamik aufeinander abzustimmen, bis sich jeder mit der gewählten Version wohl fühlt. Das alles erfordert ebensoviel Leidenschaft für die Sache wie Geduld miteinander.

Literatur

Bartels, Bernhard: Beethoven. Hildesheim 1927
Bartók, Béla: Violin Concerto No. 2 (Partitur). London 1946
Beethoven, Ludwig van: Konversationshefte. Berlin/Leipzig 1972
Bekker, Paul: Beethoven. Berlin/Leipzig 1911
Berlioz, Hector: Voyage musical en Allemagne et Italie. Paris 1844
Bory, Robert: Ludwig van Beethoven. Sein Leben und sein Werk in Bildern.
  Zürich 1960
Fischer, Edwin: Ludwig van Beethovens Klaviersonaten. Wiesbaden 1956
Flesch, Carl: Die Kunst des Violinspiels. 2 Bände, Berlin 1923/28
Grove's Dictionary. London 1954
Kastner, Emerich (Hrsg.): Ludwig van Beethovens sämtliche Briefe. Leipzig 1923
Kinsky, Georg/Halm, Hans: Das Werk Beethovens. München/Duisburg 1955
La Mara: Beethovens unsterbliche Geliebte. Berlin 1909
Magnani, Luigi: Beethovens Konversationshefte. München 1967
Musik-Konzepte 8: Beethoven. Das Problem der Interpretation. München 1979
Natorp, Paul: Beethoven und wir. Marburg a. d. Lahn 1921
Petzold, Richard: Ludwig van Beethoven. Leipzig 1938
Riemann, Hugo: Musiklexikon. Mainz 1959
Riezler, Walter: Beethoven. Zürich 1939
Rolland, Romain: Beethoven. Zürich 1917
Schmidt, Leopold: Beethoven, Werke und Leben. Berlin 1924
Schwarz, Boris: Beethoven and the French Violin School. New York/London
  1958
Sullivan, J. W. N.: Beethoven, the Life and Letters. London 1927
Szigeti, Joseph: Beethovens Violinwerke. Zürich 1965
Thayer, Alexander Wheelock: Ludwig van Beethovens Leben. Leipzig
  1866–1908
Thomas-San-Galli, W. A.: Ludwig van Beethoven. München 1913
Tovey, Donald Francis: Beethoven. Oxford 1944
Tyson, Alan: The Authentic English Editions of Beethoven. London 1963
Wagner, Richard: Beethoven. Leipzig 1870
Wetzel, Justus Hermann: Beethovens Violinsonaten. Berlin 1924

Personenregister

Quellennachweis

Abbildungen auf Tafeln:

Bayerische Staatsbibliothek, München: Nr. 1 (v. Wintter, 1817), 2, 5, 6, 8, 9, 11, 12
Ungarisches Nationalmuseum, Budapest: Nr. 3
Beethoven-Haus, Bonn: Nr. 4
Bildarchiv der Österreichischen Nationalbibliothek, Wien: Nr. 7 (Punktierstich von Jean Keller nach Gemälde von Elisabeth Vigée-Lebrun)
Beethoven-Archiv, Bonn: Nr. 10 (Besitzer des Originals unbekannt, photographische Vorlage vom Beethoven-Archiv)
Sammlung Georg Schäfer, Schweinfurt: Nr. 13 (Umkreis von Joseph Karl Stieler)

Abbildungen auf den S. 83, 31, 81, 121 und 151:

Berlin, Staatsbibliothek Preußischer Kulturbesitz, Musikabteilung: Faksimile der Seite 1 der Sonate op. 30 Nr. 1
Max Rostal, Bern: Titelblätter der Erstausgaben der Sonaten op. 12, der Sonaten op. 30, der Sonate op. 47 und der Sonate op. 96

Notenbeispiele:

Die Notenbeispiele im Beitrag von Günter Ludwig sind mit freundlicher Genehmigung des Verlages folgenden Ausgaben entnommen:
Ludwig van Beethoven, Sonaten für Klavier und Violine, hrsg. von Sieghard Brandenburg, G. Henle Verlag, München 1978
Joseph Haydn, Sämtliche Klaviersonaten, hrsg. von Georg Feder, G. Henle Verlag, München / Duisburg 1972

Albrecht Roesler

Große Geiger unseres Jahrhunderts

397 Seiten mit 69 Abbildungen und 16 Notenbeispielen. Leinen

Albrecht Roeselers Buch über große Geiger unseres Jahrhunderts ist für die
Liebhaber und die Kenner des Violinspiels geschrieben. Es enthält eine
durchaus persönlich getroffene Auswahl von Künstlerporträts.
Enzyklopädische Vollständigkeit ist dabei nicht angestrebt. Roeseler erzählt
von den großen Geigerpersönlichkeiten unserer Zeit, von ihrer
Interpretationskunst, ihren individuellen geigerischen Fähigkeiten und der
persönlich gefärbten Kraft ihres Spiels.
Instruktive Abbildungen und Notenbeispiele, ausführliche
Schallplattenhinweise und ein aufschlüsselndes Register ergänzen den Text.

»Wer in die faszinierende Welt der Musikrezeption tiefer eindringen will,
sollte Roeselers Buch zur Hand nehmen und lesen; Seite um Seite – oder
ziellos blätternd: In jedem Fall wird er darin viel über Musik – so ganz im
allgemeinen – erfahren. Roeselers Buch ist weit davon entfernt, eine trockene
biographische Abhandlung über die Geigerstars der jüngeren Vergangenheit
und der Gegenwart zu sein.
Denn da erzählt ein Begeisterter, welches Abenteuer Musik-Hören sein kann.
Und dort, wo er ganz persönlich wird und nicht verhehlen mag, was ihm am
Stile des einen oder anderen allseits bejubelten Nachfolgers Paganinis
besonders oder so gar nicht zusagen mag, dort wird dieses Buch am
spannendsten. Die Begeisterung springt über, weil Roeseler letztlich sich
selbst und seine Reaktionen ganz uneitel zu erklären vermag.«   Die Presse

Glenn Gould

Von Bach bis Boulez

Schriften zur Musik I
Herausgegeben und eingeleitet von Tim Page.
Aus dem Englischen von Hans-Joachim Metzger.
360 Seiten mit zahlreichen Notenbeispielen. Leinen.

»Wer die Schriften Glenn Goulds in die Hand nimmt, legt sie so schnell nicht mehr beiseite; denn hier doziert nicht jemand über die Köpfe hinweg, sondern er steht mit seiner ganzen schillernden Person hinter jedem Wort, das er sagt. Und der schnell süchtig werdende Leser bekommt mit den Texten immer auch eine Auseinandersetzung zwischen den Phänomenen einerseits und Goulds Subjektivität (einschließlich seiner Idiosynkrasien) andererseits, mitgeliefert: Insgesamt ein außerordentlich spannend zu besichtigendes Schlachtfeld.   Süddeutsche Zeitung

Der Musikwissenschaftler Karl Schumann nach Lektüre des Buches: »Glenn Gould hat mir eine schlaflose Nacht bereitet. Ich bin sogleich ans Lesen gegangen, fühlte mich bald angezogen, bald abgestoßen, genoß die herrlich saloppe deutsche Übersetzung und bemühte mich, den mitunter recht wunderlichen Gedanken Goulds gerecht zu werden. Vorab erscheint Gould als ein umfassender Geist. Was der alles über die Musik unseres Jahrhunderts weiß! Einiges ist wohl absichtsvolle Provokation, und das Ganze hat einen hinreißend lebendigen Rhythmus, überfällt einen Satz für Satz, knallt einem bald verstiegenste Subjektivität und bald einschüchterndes Wertgefühl um die Ohren. Alleine, was er über Beethoven sagt! ... Nach geraumer Zeit wieder ein Buch, das aufregender war als ein guter Krimi!«

Band 2:

Vom Konzertsaal zum Tonstudio

Schriften zur Musik II
Herausgegeben von Tim Page. Aus dem Englischen von Hans-Joachim Metzger. 321 Seiten. Leinen.

PIPER

Yehudi Menuhin

Yehudi Menuhin ist nicht nur der berühmte Geiger und Musiker, der schon in frühen Jahren als Wunderkind weltweit von sich reden machte. Er ist auch ein außergewöhnlicher Mensch, dessen warmherziges, mitfühlendes Wesen und dessen Menschlichkeit sich spontan mitteilen.

Ich bin fasziniert von allem Menschlichen
Gespräche mit Robin Daniels.
Aus dem Engl. von Hans-Jürgen Baron von Koskull.
Vorwort von Lawrence Durrell.
208 Seiten. Serie Piper 263

Kunst als Hoffnung für die Menschheit
Reden und Schriften. Laudatio von Pierre Bertaux.
Ausgewählt, eingeleitet und aus dem Englischen
von Horst Leuchtmann.
229 Seiten mit 14 Abbildungen auf Tafeln. Serie Musik 8306

Lebensschule
Herausgegeben von Christopher Hope.
Aus dem Engl. von Horst Leuchtmann.
173 Seiten mit 60 Abbildungen. Geb.

Unvollendete Reise
Lebenserinnerungen.
Aus dem Englischen von Isabella Nadolny und Albrecht Roeseler.
457 Seiten mit 63 Fotos. Leinen

Variationen
Betrachtungen zu Musik und Zeit.
Aus dem Engl. von Horst Leuchtmann.
256 Seiten. Serie Piper 369

PIPER